U0135067

活用ＫＤ技術分析

ＫＤ的關鍵使用技巧

平凡的指標
不平凡的用法
這一次我們用ＫＤ
寫下不平凡的故事

賴宣名　羅威

推薦序

浸淫在KD鈍化中樂此不疲

人生逆境十之八九，能逆水行舟而力爭上游者，能有幾人？又人非聖賢，孰能無過？知過能改，善莫大焉。能力爭上游又能登泰山而小天下者，更是幾希！

在網路著名部落客、股市知名暢銷書作家羅威的身上，我看到了加諸其身而一般人難以承受的各種失敗與打擊，他卻能默默的沉潛以待，並將逆境轉化為順境的各種成功的人格特質。尤其在知天命之年還能好學不倦，背著書包上嶺東EMBA進修，實在是難能可貴！他的各種可歌可泣的故事（見諸東森財經台的「夢想街57號」與《今周刊》等等），足以做為時下一般投資人的借鏡與典範。

坊間一般書籍甚少對KD指標的鈍化有深入的探討，但羅威卻浸淫在KD鈍化中而樂此不疲，並多次著書立說分享他獨到的看法以嘉惠後進，終能成一家之言，真是實至名歸與可喜可賀。今日羅威親自登門拜訪，故特為文推薦他的最新力作《活用KD技術分析》，相信對有緣的投資人必能助一臂之力。

黃肇基 於 2012年11月4日

財經作家《關鍵K線》作者

推薦序

脫離股海浮沉

技術分析可以輔助基本面
技術分析要用在對的地方

2007年有幸與羅威參加TVBS「Money我最大」的節目錄影，主題是「股海傳奇錄」，內容是說我倆在股海浮沉的歲月，從開始到歷盡滄桑的股票投資過程。羅威也提到其在股市操作的觀念，諸如：紅心在哪裡？用心去感受股市脈動……等等，至今仍歷歷的印在我的心板上，此次錄影更創出理財節目高收視率。

股票技術分析是一門理財技術，它是最容易懂，也最容易打動人心。羅威藉由《活用KD技術分析》著作，直探KD核心價值，闡述技術精髓，破除一般人對KD的誤用，更對於KD高檔鈍化、低檔鈍化、指標高檔背離、低檔背離作了完整詮釋。投資人可以將技術分析輔助基本面，用雙軌道理論，二者相輔相成，讓買賣股票更為順心。

同樣的一個技術分析用在A種人可能有效，用在B種人可能無效，為何會如此？不是指標本身有問題，而是使用人用錯技術指標。技術分析要用對地方，了解指標適用性，才能發揮功效。羅

威歷經20～30年股票投資經驗，體驗必定比新手更深，如果你不願意走冤枉路，可透過知識縮短自己在股市碰撞的時間。藉由閱讀《活用KD技術分析》，擷取本書的精華，或許您也可將之融合成自己的一套理論，以提高股票投資勝率。

劉建忠　2012. 11. 1
股市司令《九步六法》作者

推薦序

在反覆驗證中發掘微妙的投資邏輯

認識宣名，是在嶺東EMBA這個可愛的班級裡。與他首次見面，只是禮貌性點頭，然而經由所中教授介紹，才驚覺身邊這位謙遜的同學，原來就是聚財網擁有龐大粉絲的羅威。在他身上，不但沒有霸氣，反倒能感受到他對於整個市場的直覺性，勇於分析且樂於分享。

小弟在證券市場服務多年，由營業員到擔任分公司經理人，在未與羅威大哥相識之前，就拜讀過他的作品。初始對於坊間技術線型的書籍雖閱讀不少，但是內心總認為此類書籍都是較為僵硬的，沒想到，羅威的理念並非如此，書中用詼諧的筆法來引導出艱深的技術理論，不但讓讀者不用刻意去學習，卻又能在了解其想法之後，將投資方式烙印在心。

羅威的著作，其對象並不侷限於剛進入市場的新手或是交易多年的老手，當中技術分析常引用簡單的例子說明，都是要表達「心法」；其建議的觀盤模式，則主要以「均線」、「KD」為重要參考依據。相較於坊間的投資工具書，羅威除了技術面的邏輯之外，更強調的是「紀律」、「停損」與「資金控管能力」。

這樣的書籍，個人每隔一段時間就會拿出來研讀，正因為市場心態的日趨完整，再次研讀的過程中，每每總有不同的思考邏輯出現在腦海，也因此更能感受到羅威的細密心思，進而將各項的細微變動因素表現在線與點的交易進出間。

常常心想，此人竟能把困難的技術分析，運用幽默簡易的方式來說明，加上善於搭配國際金融商品的走向，去證明他的想法與未來發展趨勢，真是厲害啊！正因如此，個人日後更是將書中重點實際運用在金融市場的交易，然而在反覆驗證中，居然發掘出微妙的投資邏輯。

羅威所有著作都是毫無保留的把自己的觀盤看法一一傾囊相授，對於證券期貨市場有興趣的朋友們，羅威的系列書籍是培養自我投資基本功的指南；而對於市場交易的資深投資者，這是一本值得細細品味的股市故事書。讀者們未來如何在變化多端的投資市場上培養正確投資心態，如何在股市的高點巧妙的出場，本人相信此書絕對可以成為大家最佳的啟發。

也謝謝我的好友——羅威，不吝再次分享新的鉅作。

玉山綜合證券台中分公司經理　徐偉育

推薦序

成為一生賺錢的事業

2000年我入伍當兵，2001年9月利用休假期間成立聚財網，當初只是個分享個人投資心得的專屬網頁，2002年春節前後加入討論區及專欄的功能，同年4月底，在部隊中出差溜到網咖，收到一封來信，詢問如何開啟專欄等問題，當時並不清楚這個人的來歷，但既然有留電話，我二話不說手機拿起來就直接為這位網友服務，結果這個人就是羅威大哥。從此以後，他不但在聚財網上長期分享投資心得，聚財也為羅威大哥出版了七本書，而且還會繼續下去。

羅威大哥純樸、內斂的特質，在投資理財論壇中其實並不容易吸引大量網友注意，但由於羅威大哥在網路上分享已經有十多年的時間，一路走來始終如一，這種穩健獲利的投資模式，才是多數小額投資人所真正需要的，相較於那些媒體吹捧的投資大師、操作明星，往往與投資人的環境有很大的落差，以致於羅威大哥的名聲與人氣在這十多年來可以不斷累積與增加。

但真正難能可貴的是，很多人在竄紅後會迷失自己本來的目標，而羅威大哥不但仍照著自己本來的投資步伐前進，甚至還更為謙虛、待人更為誠懇，面對我這個小老弟也不會藉機吃豆腐，

一直以來都沒有機會好好謝謝羅威大哥，藉這次推薦序的機會，特別感謝他，也謝謝投資朋友的支持，相信有這麼多讀者的喜愛，羅威大哥定會持續分享他的著作。

聚財這個出版界的門外漢，為了素人作者們的作品，在六年前自己下海當出版社，由於表現不差，這幾年開始被大型出版社鎖定為學習及複製的目標，也讓我們受到很大的壓力，不過這些都會化成聚財繼續成長的動力，網友給我們的批評與指教也都是聚財最寶貴的資產。如果可以，歡迎將羅威大哥的著作與聚財網推薦給您的好朋友，讓他們知道投資不見得要看那些媒體的新聞與分析，學習有方法、有策略的投資模式，才能在這個市場上長長久久，成為一生賺錢的事業。

聚財網執行長　陳志維

序言

閱讀可以讓自己厚植實力

　　和上一本《活用股市技術分析》一樣，這只是一本用羅威所出版過的技術分析方法和規則，所記錄一小段股市頭部故事的故事書。因為書中所用的很多技術，早已經分別寫在過去羅威所著的幾本書內了，故而這本書沒有技術篇，只有實戰篇。簡單的說，它不是工具書，它只是一本以羅威的技術分析方法所寫的股市實戰故事書。

　　說實在的，只花少少幾百塊錢就可以看到別人的實戰經驗，這是多麼廉價又值得的事情，至於這經驗能不能成為你的，或者是否可以從閱讀中得到什麼樣的啟發，或許你會得到很多，也可能都沒有，這完全在於作者想要表達的東西有沒有刺激到你的神經，或者能夠受你認同以及吸收多少而定。

　　對於一本好書，尤其是這種實戰系列的書，建議你不要把它當投資的書來看，那樣太嚴肅了，請你把它當成小說或者故事書，這樣讀來會比較輕鬆有趣。當然我不是說這本書寫得有多好，只是關於投資的書籍我都是用這樣的心情來看的，尤其是當你的技術層次到了一個境界以後，你更會了解很多技術的書籍，其實都是在輕鬆的心情中，潛移默化地改造你的心態。

　　學習的重點是在不斷的摸索中求得真知，很多人買書看書，

希望能夠從此改變自己的操作觀念和手法，立刻賺錢成為贏家！很可惜，羅威所寫的書都沒有這樣的功效，所以我比較建議各位在書局翻翻看，看的下去也覺得不錯，再決定要不要把羅威的整個系列書籍抱回家仔細閱讀。

我曾經問自己，有可能看一本投資的書，從書裡面學到一些技術分析或操作技巧，就能從此改變操作方法、成為贏家嗎？一本書就能做到嗎？好像不太可能。不過，我就有這樣的一本書，它是從我看過的兩三百本書中，每一本擷取3～5頁精華或者1、2個好句，所集合而成的秘笈。這本書有千餘頁厚，我經常拿出來反覆地閱讀，有添加當然也有刪減，從這裡面定出屬於我的股市觀念和操作方法。

我想，閱讀是最節省成本的方式，也是讓自己功力提昇很好的方式，除了你自己博覽群書，擷取這些書籍的重點，思考再思考，然後搭配自己不斷地下單實戰，取得教訓和經驗持續修正，除了自己花時間收集的秘笈之外，世界上沒有任何一本可以讓你看完就能夠變成贏家的書，以前沒有，現在沒有，以後也不會有！請記住，每一本書都只是你登向顛峰的階梯而已，踏實的看完你想看的書，才是成功的秘訣。

連續出版兩本記錄股市故事的書，感謝聚財資訊編輯小組的

幫忙，更感謝聚財資訊陳執行長大力支持本書的出版，並幫本書寫推薦序。95到96年間，我在黃肇基老師門下學習期股藏寶圖和K線結構，黃老師的K線結構讓我對盤勢轉折的看法有醍醐灌頂的效果，頓時豁然開朗，本書出版前也特別登門拜訪，請到黃肇基老師幫我題序。

感謝一同參加TVBS「Money我最大」的節目好友劉建忠（司令操盤手）先生，以及我現在唸嶺東科大EMBA的同學、玉山綜合證券台中分公司經理徐偉育先生為本書寫的推薦序。當然，也得感謝那些在我每篇文章發表的時候，認真幫我挑錯別字的朋友們，有你們的幫忙，讓本書在校對的時候輕鬆許多。最後我也感謝每位願意購買本書並將之推薦給親朋好友、可愛又可敬的讀者們，現在羅威感謝你，相信將來你的朋友會更感激你。

百年唯留說書人，不管我的書寫得好不好，做得好不好，我總算把智慧整理出來也留下來了。現在，請泡杯好茶或咖啡，找個舒適的座椅，用最輕鬆的心情，開始這段如何面對空頭下跌的旅程吧！

賴宣名

12年10月於桃仔園

此帖真是值得學習

希望大家都認真閱讀，把這個帖子學起來

這篇文章是網友轉寄給我的，你很容易用網路的搜尋功能找到這篇文章。這篇文的原始發文地點應該是對岸的大陸網友，不過看完之後會有很親切的感覺，因為這篇的作者就是本人我啊！繞了一圈，看到別人整理的文而且看得津津有味。

感謝某位羅威的大陸讀者，做了這麼棒的整理。因為文章太長，所以我把它分成上下兩部分，分別收錄在《活用股市技術分析》和《活用KD技術分析》這兩本書的前面。

· 羅威簡單的使用「市場動力哲學」規則，回檔過程中等待價格突破前一天的高點，在這種有利的情況下才會下單，因為這是最省時間的下單選擇方式，也是最可能買在發動點的方式。

· 開盤價突破昨日高點，可能暗示當天或以後數天交易的動向，尤其以在利多或利空消息報導後為然。

· 成功的操盤手能夠在買賣中把握當下，不受情緒影響。

· 記住，如果你的股票已出現或早已出現空頭的浪頭，要快刀斬亂麻，先走再說，留著青山在，永遠有柴燒。

· 羅威所見，聽消息做股票剛開始或許會有點甜頭，但最後也都

死於消息，短線的操作者最後也都死於短線。真正在股票上賺到大錢的，大半是心態沉穩、依一定方法波段操作的人。

· 浪頭抓到了，也快速的脫離成本區，接著就是——「線不轉，單不轉」的輕鬆控盤做波段。

· 操作與分析的基本素養中最重要的兩句話：利潤的創造，在於行情的掌握；風險的規避，在於概率的分析。

· 錢，是往上推的力量；股票，是往下壓的力量。

· 紅K是用銀子畫出來的，黑K是用股票打下來的。

· 一般來說，可以介入的時機點有兩種：一是賣力竭盡之時要「低接」，一是買力展現之時要「追進」。

· 起浪的源頭是一根紅K，紅K的高點要比前一天高，低點要比前一天高，這是搶浪頭的基本本領，也是續抱做短波的本領。

· 量、價、指標、型態、類股強弱、盤中走勢，都是我選股考慮的要件。

· 股話有云：反彈，漲三不追。已經漲了四天的盤，你想還有多少空間？有多少力道？回檔，跌三要買。已經下跌三天的盤，再跌的空間其實不多了。

- 有規劃，但不預期，這是操盤原則。

- 先要會看浪才能乘風踏浪，逍遙自在。

- 羅威說選股很簡單，每天看漲幅排行榜的前30名就夠了，每天選5檔股票，這功課你做了嗎？

- 要看多，過近期高給我看，浪翻多，我一定踏浪而行，絕不和莊家對做。你可以去預測「將會」翻多，但我卻要看到它「真正」的翻多。第一浪沒乘上也死不了人，因為有第一浪必然會再掀起千層浪，而且浪會愈來愈凶、愈來愈猛，那才能享受真正踏浪的快感。

- 每一條均線為一匹馬，如果往上跑的馬多，馬力自然大，跑起來快又穩。

- 大盤是會說話的，它會用各種方法告訴你它要幹什麼，這些語言包括K線、型態、均線、指標……等等。

- 我想，操作貴在觀念、心態、執行，您同意嗎？「方法」貴在精，不在多。

- 從操作成功之人的話中學到的觀念，比技術分析還重要。

- 股市操作的三項法寶：心態、技術、資金控管。

- 股癌兄的名言是：（非常值得仔細思考）

  起跌之時，強勢股不要買；末跌之時，弱勢股不要賣。

  起漲之時，強勢股搶著買；末漲之時，弱勢股搶著賣。

  千線萬線不如一條電話線；千選萬選不如莊家幫你選。

- 對於做指數期貨的人來說，必須關心的是大盤的指數；但對操作個股的投資人來說，要注意的是類股的走勢。已經翻多的類股，你必須投以關愛的眼神。

- 贏家只做一件事：承認市場是對的，然後跟著市場站在對的一邊。

- 股市天機不在方法，而在紀律和執行。

- 在市場上獲利的直接方式，是找到使用趨勢的方法和轉折出現的訊號。對大多數的人來說，那是唯一的成功之道，也是我們努力的方向。

- 吞噬（開高收低且吞掉前一根陽線），發生在型態高檔是吞噬頂，為賣出訊號；但若是發生在型態低檔，卻是吞噬底，反而應注意買進時機。低檔的空頭吞噬（更妙的是還帶破底），是洗盤K線的一種，這種吞噬是最後吞噬底，代表著空頭氣力用盡，失望賣壓全出，將來多方只要小小力量就可反攻大漲，K

線戰法將之歸類為空頭騙線的一種，也是買進訊號！

· K線會在關鍵時刻，連續透露反轉訊息。

· 破底量縮，易見底；破底量大，則底部深不可測。

· 均線的力道要比K線的力道來的大。K線適合抓轉折，均線卻能指出趨勢，兩者配合看就會較為清楚了。如何在轉折和趨勢之間取得平衡，在轉折之中不背離趨勢，在趨勢之中看到轉折，是一種藝術化的功夫，也是我們努力的目標。

· 能領導我們的只有一個，那就是大盤。對大盤我是充滿敬畏的，學著去解讀大盤給你的訊號，大盤是最嚴格的老師，是真正的領導者。

· 以法為師，勿以人為師。依法不依人，努力的整合所學，理出一套自己的進出方法，用心做股票，而不是用耳朵做股票，唯有自己的方法，才能時時提醒你，該進了、該出了，這是我們要定法依法的理由。

· 支撐、壓力、轉折，如何能做到一出手就對，減少停損次數，一直是操盤手的努力目標。

· 突破，會拉回測試真假；跌破，也會反彈測試真假。

· 定心、定法、依法，自然操作無礙。定法，簡單的說，你學了很多方式之後，想辦法把它融合為一種簡單、而且合於你操作週期的公式，包括：如何切入？如何抱著不動？停損點？獲利點？定心，簡單的說，就是只注意自己的股票有沒有買賣點，然後依法執行，該怎麼做就怎麼做，不理其它。操盤手最重要的是盤中的應變能力，而不是行情的預測。

· 利用時間，花點精神學習一套操作方法，將是一生中受用無窮的技能。有一套符合自己的操作模式之後，你將會發現，原來你擁有一口會自動出泉的井，那將是人生一大樂事。

· 不見長紅不回頭，不見長黑不止跌。

引言

　　本書《活用KD技術分析》收錄了2011年5月到2011年9月這段期間發表在聚財網的逐日分析稿，總計86篇。以現在來看，當時的K線圖是很明顯的下跌階段，但是，在當時發生了什麼大事使得股市如此慘跌？我們又要如何發現下跌段要出現了？在下跌的過程要如何免於套牢？對於消息面又要如何操作？該不該搶反彈？要如何搶反彈？這是本書的故事重點。

　　本書所敘述的KD指標用法，均為個人這十年來觀察KD鈍化所得，因此對於KD鈍化和背離的用法與其他書籍略有不同，為了避免混淆，特別說明本書對於KD鈍化的定義如下：

1. KD高檔鈍化：指標中的K值，連續三根站在80上方。

2. KD低檔鈍化：指標中的K值，連續三根落在20下方。

3. 指標高檔背離：KD高檔鈍化後，股價創新高，指標卻沒有高檔鈍化。

4. 指標低檔背離：KD低檔鈍化後，股價創新低，指標卻沒有低檔鈍化。

　　附圖中的KD指標，在該指標80上方有標明KD高檔鈍化的小圓點，這些小圓點的出現告訴我們，指標已經連續三天在80上方，KD已經高檔鈍化了。而在20下方有標明低檔鈍化的小圓點，也是KD已經低檔鈍化的標示。

　　和上一本書《活用股市技術分析》一樣，因為是記錄股市連續性的故事，因此沒有特別著章節設計，仍然以月為時間單位，將這些文章做一個分隔，並取用每個月的第一或第二篇的標題做為章節的標題，這樣的設計只是讓大家在閱讀的時候能有段落感，可以稍作休息。

　　拜科技進步之賜，網路相當的發達，連手機都可以上網了！

各網站的網頁雖然具有很大的方便性和儲存性，但是對於著作而言，還是以紙本印刷保存最久，也最容易翻閱。感謝聚財網陳執行長大力支持，將個人在聚財網「活出股市生命力」專欄所寫的盤勢分析文章集結出版。

　　這些實戰分析稿已經陸陸續續收錄在羅威所編寫的各本書的實戰篇之中，各書籍所收錄的實戰篇時段如下圖，對於實戰紀錄有興趣的朋友，可以按圖索驥的參考閱讀。

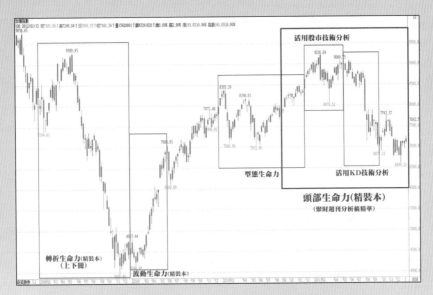

　　學習是不斷摸索的過程，KD高檔鈍化是羅威所「發現」的現象，並且將其中的規律做一個整理，這些KD高、低檔鈍化相關的

技術口訣和論述，我收錄在《波動生命力》和即將於2013年春節出版的《頭部生命力》這兩本精裝書之中，並交由聚財網獨家銷售。

　　KD鈍化到底有什麼妙用？該怎麼用KD來發現頭部的訊號？KD與其它指標該如何整合運用才是最有效的方法？在同樣的技術方法之下，我們該如何看待不同的型態和不同格局的行情？「兩條均線、一個KD」是很有效的方法，值得大家來探討，也希望您會喜歡。

目錄

第四章：又破低　·213

第一章
效率、規律與紀律

效率、規律與紀律

2011/05/01

　　個人覺得，習慣是個弔詭的存在，其好壞不但很難判斷，而其影響力，更是難預料。我們做事情都會有一個習慣，比如說習慣用右手（或者左手），習慣早上去公園走走，上班習慣坐XX號公車……等等。股市有沒有這樣的習慣呢？有啊，多得很呢！比如說多頭浪和空頭浪，不就是股市行為的習慣嗎？

　　《與成功有約》作者史蒂芬・柯維，在這本暢銷書中提到：成功的習慣，「主動積極」、「先思考前因後果」、「優先順序的設定」，這三者會使你從依賴的個體走向一個獨立的個體，可以為你贏得個人的勝利。

　　多頭浪的習慣就是上漲過高，回檔不破低，再漲又過高，不斷創新高。（思考前因後果）

　　在這種股價運動的習慣中，我們可以找到一個關鍵點，那就是回檔的低點。我們在回檔的低點劃一條線，這是上漲的樓梯，只要回檔不破這個樓梯，就不會轉浪，也就不會掉下去。（設定優先順序）

　　操作上，我們就可以用這個慣性做為依據，你不破最後一個樓梯價格我就不賣，一旦跌破了我就賣出。（主動積極）

這些是不是符合史蒂芬‧柯維的成功習慣呢？

如果你認為是，那麼剩下的工作就是不斷的實行最後一種習慣，使你進入成功的循環，越來越成功。

關於盤勢，已經講了很久的，這波是週線B波反彈，高點應該不至於過9220，目前這看法還是沒有改變。處在這個位置，到底會不會過9220？到底是不是真的是週線B波高點？在還沒有突破9220高點之前，個人都遵守「破低之後的反彈都先以B波看待」這一口訣。

這個盤如果突破9220高點，我會賣出股票，因為多頭浪這傢伙有個壞習慣──過高會回檔。

這個盤如果跌破8866的樓梯，我會賣出，因為多頭浪這傢伙

也有一個好習慣——破低轉浪反彈後還有新低。更何況這是週線B波反彈而已。

傾聽股市的聲音，發揮獨有的天賦，找到自己在操作世界上最好的位置！

先有雞還是先有蛋

2011/05/02

說個故事：

一家餐廳生意好，門庭若市，但是餐廳的老闆年紀大了，想要退休，於是他就依序找了三位經理過來。

老闆問第一位經理說：「先有雞，還是先有蛋？」第一位經理想了想，答道：「先有雞。」

老闆接著問第二位經理說：「先有雞，還是先有蛋？」第二位經理胸有成竹的答著：「先有蛋。」

老闆最後叫來第三位經理，問：「先有雞還是先有蛋？」

第三位經理認真的說：「客人先點雞，就先有雞；客人先點蛋，就先有蛋。」

老闆笑了，於是擢昇第三位經理為總經理。

當我們執著於表相，習慣於舊有的思考模式而無法跳脫，走不出一條新路來時，何不換個角度來看，為自己的慣性思考加些創意？對於盤勢我總是規劃著兩條路，準備著兩套方案，然後等路走出來了才執行，雞先出現我就抓雞，蛋先出現我就抓蛋。規劃和分析，只是找出「可能」的路徑，並不是「一定」的路徑。操作是路徑已經出現，我們只要跟著路徑走就對了。

指數9220這個高點，同時為日K、週K、月K的高點。如果能過此高，代表：（1）日K多頭延續；（2）週K轉多頭浪；（3）月K多頭延續。對於多頭而言，當然是極具重要意義的高點。

因此如果過9220高點之後的回檔，就需要考慮一件事情，究竟是日K的回檔？是週K的回檔？還是月K的回檔？以日K而言，回檔測試的前低日K當然是8866；週K而言，前低則應該是8592；月K低點則為8070。

這時就必須要考慮：（1）過高之後的回檔，是屬於哪一個層級的回檔？（2）持股者在市場上的部位，能經得起哪個層級的回檔？

如果假設為週K回檔。週K回檔測試8592的前低，將會導致日K跌破日K8866的低點，轉為空頭浪。屆時將呈現日K轉空頭浪、週K回檔的格局。如此一來，日K失去週K的保護，趁高點結束多頭部位，應該是合理的決定。

先有雞還是先有蛋？如果你弄懂了上面的多層次的K線高低點

的邏輯，你認為買賣該怎麼做才是最好的？老實說，這沒有標準答案，只有最適合你的解答，而這最適切的解答，是存在你的邏輯之中。

看起來這邏輯頗難的，也許要某年某月的某一天你才能夠解開，沒事多看圖，多看圖沒事，一旦有一天讓你解開了這一謎團，你就會豁然開朗。

該走的不用留

2011/05/03

收到一位網友寄來的信件，標題寫著「老人的定義是……（請用台語唸）」

站咧無元氣，坐咧就哈戲，倒咧困抹去，

食飽多放屁，無食愛生氣，見講講過去，

現講現忘記，出門無地去，要死無勇氣，

只好活下去！

滿深奧的人生哲理呢。

　　盤弱下來了，也差一點點跌破前波低點8866，KD也已經跌落80下方，看起來週線B波高點已經呼之欲出了。從4/21汰弱留強開始，連續多篇的發文，羅威一直保守操作，該賣要賣。股票如果出現賣點，點到出場一張不留，並且開始布局一些PUT小量經營，單量很輕，歸零也沒有感覺，萬一這裡真的是週線的ABC走法，那麼C波下來這些葡萄也會相當可口。

　　市場冷靜的操作者，正不斷地合法地狙擊弱勢交易者的荷包。行情走勢十分明顯，但太過於明顯，大家反而容易聚焦於反方向。「高效能」的定義是在「正確的方向下，用最少的資源，得到最佳的結果」。能否建立高效能的習慣，關鍵在於「系統化的運用及實踐」。

　　最近收到不少讀者的來信，告訴我「書買了一個多月還沒有看」。我想，這絕對不是羅威的錯！有的說，看完了書還沒有定法，羅威也沒有義務要把你抓過來幫你定法，我說過，我只是寫書寫我自己的操作，我沒有能力幫你或帶著你操作，唯有一切自己來才能夠自救。

　　要狠心的把虧錢的股票停損掉，真的是需要訓練的。心理學有所謂的「正面回饋」強化了紀律的遵守。虧損不斷擴大往往就會讓自己更加猶豫。不過，只要有過一次狠心揮刀斬亂麻，砍掉虧損保留住現金，然後又靠這筆現金將虧損都賺回來，這樣就會更加深自己要勇於停損的決心。不夠狠或者說不夠果斷，是不可能在這個市場存活的，如果還活著也只是拖時間而已。

　　苟延殘喘並不是我們來到市場的目的，今天下跌、昨天下跌、大前天下跌，KD也下了80，那麼明天起反彈的機率有多大？行情的發展本該任其自然進展，股市操作的重點不在你想什麼，或你想怎麼做，而是市場正在做什麼事，我們就得跟著做什麼事。工具是衡量自我進出的標準，重點在於有了工具等於我們制定了一個「不做自己想做的事，而做應該做的事」的準則。

　　高效能的七個習慣圍繞著觀（See）→為（Do）→得（Get）系統運行，所以有效。雖然每個人對成功的定義不同，我個人認為「紀律」是成功之母，不需要用「慘痛的後遺症或代價」換來的成功，才是「真正的成功」。

　　準則訂了，接下來呢？執行的能力，包括進場和出場的執行力，出場包括停損和停利的執行力。如果訂定了交易的方法，那麼有沒有依法執行買賣，就是勝負的關鍵了。這就是為什麼有人這一波可以賺40%，有的人卻虧損10%，有的已經漸漸感到有住套房的壓力了！

　　差別在哪裡？執行力而已。

山頂上玩有誰能贏　別貪最後一毛錢

　　這篇是5月4日寫的《聚財週刊》稿件，刊登在週刊第25期。週刊寫稿因為有固定截稿日期，所以著重在規劃，寫起來比較嚴謹。而網站專欄因為沒有發文的時間限制，所以著重在日線以及更短的時間K線的變化，可以天南地北如聊天方式的談話，比較隨興，也就比較少講到規劃這一個邏輯和步驟。

PS：週刊的分析稿已經收集完畢，會隨著《頭部生命力》一書出
　　版，對於規劃邏輯有興趣的朋友，歡迎洽聚財資訊購買。

　　比別人多想一步，就多一份勝出的機率，羅威的思考邏輯往往是在股價變化之先，如果變化一如規劃，自然是「方向既定下單篤定」。萬一變化和規劃不一致，我會先觀望，然後隨著變化而以少量資金介入操作。

　　每一個人都想要賺到最後一毛錢，但是最後那一毛錢往往是最昂貴的一毛錢，為了最高和最低那一毛錢所投入的成交量可以造好幾座101大樓。在股市中上帝只允許兩種逆勢，一個是底部的低點可以作多，一個是頭部的高點可以逆勢放空。問題是上帝都沒有告訴你我，哪一點是底部的低點？哪一點是頭部的高點？因為那兩點只有上帝知道，這是他的祕密，所以我們別跟上帝搶這工作。

　　就操作來說，買在可以買的地方，賣在可以賣的地方，如果能夠這樣就很棒了。什麼地方可以買呢？就是底部完成之後，那是風險比較小的地方，這個位置是很好的買點。什麼是可以賣的地方呢？就是高檔可能轉浪做頭的位置。因為你已經有了部份的利潤，此時把後面的利潤留給別人，當然也把可能的風險也交給了別人。

● 九千以上就算不是頭部 也是山頂

　　在今年新春兔年的規劃中，羅威舉出月K線圖，從歷史的月K線圖來看，九千以上停留的時間都很短，高點也不會很多，九千點上方就算不是頭部也是山頂。現在又再度攻擊到九千點上方，個人的危機意識又再度被喚起，九千以上不是不能作多，而是建議不要全力投入，反而要持盈保泰逐步退出，保留現金。

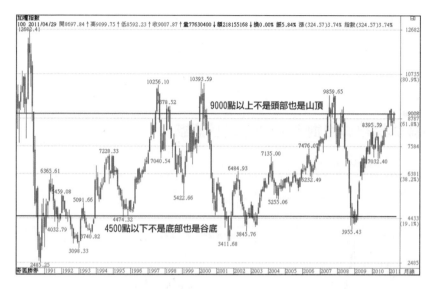

自從上週我再度提出這是週線的B波反彈，理應不會過9220高點之後，碰到4/20和4/21連續兩天大漲310點的大長紅攻到九千點附近，離高點只有兩百點的距離！但是「相信自己」的理智戰勝一切，在大長紅的第二天我依照計劃降低持股只剩下四成現股，這兩天，又因為最後兩檔股票陸續出現賣點而執行賣出，目前手中持股為「零」。我想我們已經把利潤留下來，把剩下的空間交給別人，而且也把風險交出去了，一切心安理得。

現在，各位也許還可以看到好消息，但是這些好消息有沒有辦法刺激股價上漲呢？各位可以回顧一下，有哪一次低點不是發生在壞消息充斥的時候？哪一次的低點不是技術面一團糟的時候浮現的呢？有哪一次的高點不是發生在消息很好的時候？哪一個高點不是技術面很好的時候造出來的？也許現在大家都沒有看

到什麼壞消息，所有的技術面都是欣欣向榮，要量有量、要價有價、要指標有指標……！真的是找不到該賣的理由。也因為太完美了，反而更讓人警覺——會不會太過完美了呢？

● 套房很貴也很苦 小心反轉的訊號

週線B波看法不變，我們可以舉一段最近的週線B波反彈的例子來演練一下，萬一這回真的又是同樣複製，我們該如何因應？

這張圖就是2010年從元月到六月的日K線圖，擷取的就是相同時間的週線ABC走勢。從8395到7080是週線A波。7080到8190這一段上漲，就是週線的B波反彈。從8190下跌到7032就是週線的C波。

　　多頭浪和空頭浪的交接處，有一個看盤重點，就是有沒有轉浪，也就是說多頭浪上漲的過程都是回檔不破前低、然後又上漲過高，且不斷創新高。但是如果如圖中的「甲」出現，就是回檔把前低跌破了，那就叫做轉浪。轉浪之後就會開始出現反彈不過「乙」的高點、回跌會破低、不斷創新低的空頭浪走勢，最後把7080低點跌破。

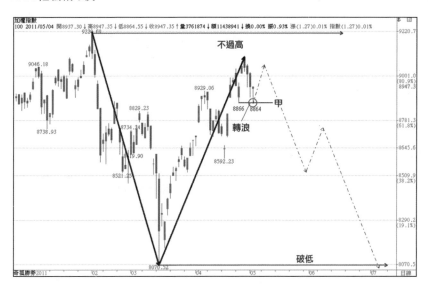

　　到截稿日（5/04）為止，盤中最低8864.55點已經跌破8866.74點，出現如上圖「甲」那樣轉浪的現象，那麼就要小心如上圖那樣——反彈不過高，再跌會破低的空頭浪走勢出現了。規劃上，這個位置是週線B波反彈的高點，預估將來會有C波的下跌。那萬一這裡不是B波高點，而且股價突破9220高點成為V型反轉呢？那也無妨，只要等到它正式回檔之後，再評估局勢看看該怎麼計劃下一步就行了。

● 能捨才有得 該走不要留

股市裡面一個很重要的觀念就是「捨」與「得」，有捨才能得。如果股票賺錢沒有「捨」去賣出的動作，永遠不會「得」到利潤。相同的如果跌破前低你還「捨」不得走，那麼你會「得」到住套房的權利。

賣在可以賣的地方，把最後的一段利潤留給別人，其實是一種捨得的觀念。「留著青山在，不怕沒柴燒！」股市的變化多端，我們必須承認沒有人可以預測高點和低點，因此在規劃中可能的高點區域把出現賣點的股票出清，把後面的利潤留給別人去賺，也同時把可能的風險也交給了別人。這是一種獲利落袋並且捨棄風險的功夫。

最近電視上德州撲克「紅龍盃國手選拔賽」的廣告，最後有句話很有意思：「我是選手，不是賭徒」。德州撲克和股市一樣，是鬥智、鬥勇的遊戲。選手會評估該不該跟，不輕易ALL IN，但是賭徒ALL IN是很平常的事。如果你想要在賭場待得久一些，看不懂、有疑問的時候就減碼因應，該休息的時候何妨休息一下。休息，真的是一門學問，每天群魔飛舞，花枝招展的引誘你進場，你真的有定性不買就不買嗎？練習看看就知道了。

要離開賭桌很容易，但是千萬別回頭多看一眼，很多人明明高檔跑掉了，沒兩天又進了場，深怕行情會突然飛奔而去！就如戒煙的人一樣，才剛剛講「不抽了」，不到五秒鐘又拿出香菸、

打火機，決定再抽一根吧！於是又沒完沒了。

　　休息是為了走更長遠的路。休息其實也是操作中很重要的一種修養。

我是選手，不是賭徒！

2011/05/04

　　名作家劉墉講過一個故事：

有位老朋友出車禍，整個車頭都撞壞了，幸虧人沒傷。他回家一進門就向老母報告這個意外。

「真走運，」八十多歲的老母說，「幸虧你開的是那輛舊車，要是開你新買的賓士出去，損失就大了。」

「錯了啊，」我這老朋友大叫，「我今天偏偏就開了那輛新賓士車出去。」

「真走運，」他老母又一笑，「要是你開舊車出去，只怕早沒命了。」

「咦？你怎麼左也走運、右也走運呢？」我這老朋友沒好氣地問他母親。

老母親笑著說：「當然左也走運、右也走運啊。只要我兒子保住一條命，就什麼都走運就對了。」

看了上面的故事，我看了之後笑了又笑──原來天地可以如此寬廣，愛原來可以如此豁達。那麼股市操作到了高檔不管賺錢還是賠錢，只要把股票賣了，把錢拿回來了，是不是也是什麼都對了呢？

KD高檔鈍化的結束訊號是K值跌破80，波段結束的訊號是回檔跌破前波低。昨天K值跌破80KD高檔鈍化結束，今天最低8864跌破前波小低點8866，產生賣出訊號，這一波的波段結束。接下來就是破低會反彈，反彈不過高再跌會破低的空頭浪開始。習慣上，破低之後我會先想會不會只是ABC的回檔，而不會立刻認定為空頭來臨。

還有人對於破低的觀念沒有弄清楚？破低就是跌破低點，跌

破 1 點就算跌破，當然相同的過前高也是突破 1 點就是算突破，這問題請你想一下，你對於前低的認定是不是用下影線的最低點呢，這就可以明瞭破低盤中跌破一點就算破的道理了。希望今天是最後一次講到這細節。

有人問我這算不算是KD高檔背離？以個人的方法來說，背離是鈍化後，股價回檔完畢，接著股價創新高，但是指標沒有出現高檔鈍化。以這個定義來說，這裡「不是」背離！因為這一次的KD有高檔鈍化，既然高檔鈍化就有可能會還有新高，既然還有新高的可能，怎麼會是高檔背離？除非是再創新高後KD的K值無法創新高或創新高後不出現高檔鈍化，那才叫做高檔背離。有關這問題請看精裝本《波動生命力》實戰篇「秋收」的那幾篇。

很多人對於轉浪有一個誤解，就是眼看多頭浪進行中，明明破了前低產生轉浪了，但是股價並沒有乾乾脆脆地下跌，還是繼續在高檔上上下下的震盪？反之，空頭浪進行中，明明過了前高，怎麼遲遲不展開攻勢？

其實，轉浪固然是一種反轉訊號，但不代表「馬上」就展開對應的走勢。因為轉浪只是代表可能出現轉折，它總是要一而再，再而三的反覆確定方向真的轉變了才會出現較明顯的走勢。以現在的指數而言，轉浪出現了，應該會有反彈，保守的操作方式是等反彈結束再找空點進場。

所以，今天的盤破了低點後面應該是兩種走法：

1. 反彈不過9099高點，就是反彈B波，接著破8864低點成為C波。

2. 反彈突破9099高點，但是不會過9220，這樣KD無法創新高或者高檔鈍化，而形成背離。（如同2010/04/15）

這兩種走勢出現的機會1＞2，因為接近密集開股東會的時間，融券會受到不少限制，所以反彈過程我會繼續小量加碼PUT，當然希望是以小搏大，同時又不願意損失太大。

選擇最佳的機會，安排好該走的路，控管好資金、輸贏擺一邊，然後安心的下注。

最近電視廣告有句話說得很好「我是選手，不是賭徒！」選手是賭機率，我不做賭徒的ALL IN。

快要決戰了！

2011/05/05

　　如同股神巴菲特所說的，「當大家都貪婪的時候，我們應該保守，而當大家都恐慌之時，我們則應該物色獵物伺機進場」。這種策略或許不能保證我們在最低點的時候買進，但以中長期投資角度來看，賺錢的機率其實不低，也將享有不錯的報酬率。很可惜的是，全世界只有一個巴菲特，巴菲特的觀念可以學，但是巴菲特的成功有當時的時空背景，想要複製第二個並沒有那樣容易。

　　說到投資，現在的產業週期循環都很短，其實最難的不是找出好的股票，而是如何判斷最佳的買賣點。畢竟再好的股票也會受到產業或者總體經濟大環境的變化而波動，有時候甚至是逆勢大漲。最近接到不少朋友寫信問我，他買了一檔股票已經KD在高檔連續鈍化了17天，抱到不知道該怎麼賣！如果等KD下80再賣出那可能會少賺很多，問我該怎麼辦？

　　真是恭喜你了。但是你問我該怎麼辦？我也沒有良策，因為好不容易買到會飆的股票那就是一個「抱」字而已，因為他正強啊！你不怕賣了又漲嗎？也許等KD下80再賣出那可能會少賺很多，但是和你抱著那樣久賺的錢相比，也不致於吐出去太多吧！或者，你可以用最簡單的方式就是找一條短均線來控盤，比如

說3MA、5MA或者6MA，也可以用最近三日低點沒破就不用賣。當然，還有一種方式就是你認為賺夠了，就賣吧！

　　個人認為，買賣股票為了就是賺取價差，只要賺到了那就好了，就算姿勢差一點應該沒什麼關係吧。賺錢處理起來比處理虧損來得舒服多了，不是嗎？

　　技術面雙均線依然雙雙向上，乖離也還沒有連續縮小，以雙均線來看，整個盤還沒有進入盤整位置，不過因為這兩條線的參數比較大，所以反應比較慢。我們可以慢慢看它的變化。這兩天反彈，接下來應該是高點的決戰了，週線的B高＋日線的B高擠在一起，到底會不會真的是雙級數的B波高點，嘿嘿，這種共振的現象很讓人期待呢。

今天的盤開低，卻沒破昨日低，先賣掉PUT，尾盤如願的反彈收高，再用賣掉的錢把PUT買回來。這樣一來一回資金沒有增加，但是口數卻增加了將近一倍。想起一位一直只做台塑這檔股票的老師說的一句名言「就算錢沒有增加，也要想辦法讓持股張數增加」。今天盤勢還沒有轉弱，所以沒有增加資金但是口數增加了，也算是勉強及格的做法吧。

明天是媽媽節囉

2011/05/07

母親節是5月的第二個禮拜日，因為5/1就是5月的第一個星期日，今年的母親節來得特別快，轉眼明天就是母親節了！先祝福天下當媽媽的母親們「母親節快樂」！

你準備怎麼安排這一年一度專屬於母親的節日呢？可以是大飯店裡的一桌大餐，也可以是自家餐廳的一頓豐盛一點的菜餚，當然也可以買個蛋糕慶祝就好。但是不管如何，心意最重要，能夠回家的就回家和媽媽團聚，沒辦法回家的，最少打通電話和媽媽聊聊、問個安，心意夠了就好了。

母親是慈愛的，而就我多年的經驗，母親節前收紅的機率特別高，也許這就是主力作手給天下的母親的禮物吧！這兩天的反彈，感覺上是有點在慶祝母親節的味道呢。

這個盤走到這裡，雙均線都是往上的多頭，18MA和50MA也都雙雙扣低，因為扣抵區間也是低，所以要它一下子下來並不容易。以目測來看，除非出現大跌，否則18MA要七天後才會扣到8900以上的稍高位置。簡單的想法就是中長線還在強勢區域。先前說的日線應該是一個平台，除了認為週線不會尖頭反轉之外，就是這一個高點受到限制，但是均線因為扣抵低點，所以會有依然呈現強勢的思考邏輯。

9000上方從歷史上來看都是高檔區域，小心保守是自然的反

應，規劃、計劃、變化！最重要的是變化。羅威的規劃只對自己負責，所以萬一將來下跌我能夠閃過，我會慶幸自己做對了，萬一將來上漲我沒有賺到我也不會怨嘆，2007年攻到9800那一波，我在9500就股票賣光光，被軋了300點的空手。今年我在9000這兒就把股票賣光光，會被軋多少空手呢？我不知道，但是「歡喜做甘願受」，萬一被軋空手我會樂意接受。

小賭怡情

2011/05/09

　　股市投資（或投機），始終有二種心情交織在一起，回檔了，買了以後，盼望著快上漲，因為只有股票上漲才能賺錢。上漲了，賣了以後，盼望著快下跌，因為只有股票下跌才能買到價錢合適的股票。既盼漲又盼跌，漲多了也怕，跌深了也愁。那不漲不跌呢？也是不見得心中就能夠平靜喔，你有過這種感覺嗎？如果有，那你應該了解股市本來就是如此。

　　今天加權又漲了58點，下午，收到一位長輩的電話：「羅威啊！你還維持你週線B波高點的看法嗎？」我說，「是啊！因為它還沒有過週線高點啊，當然維持原來的看法囉。」當然我知道他的意思是怎麼還不跌？於是我補充一句，「這是週線的級數，一根週K日線要跑五天，所以要跌也沒有那樣快啦！」

當然我也告訴他，「我現在手上沒股票就是等」，等什麼呢？如果這是週線的B高，接著要走週線C波的大回檔，那麼離9220只有百點之遙，這是停損點很好守、非常棒的高點放空區。那萬一這一波會突破9220呢？那就是週線B波的看法失敗，多頭浪過高也是會回檔，而且是週K級數的回檔。這樣說來不過高和過高都是要回頭，幹嘛去計較這一百多點的空間呢？

於是手上的PUT還是留著，今天微幅加碼了一些。有位朋友問我買了多少？我說一共不到三萬元！他嗤嗤一笑，「這樣小你也玩？」有什麼不可以呢？如果以現在年輕人只有22K的薪資來說，這可是很大的一筆錢囉！這種可能會歸零的遊戲，你以為我會賭多大啊？賭身家嗎？大行情仍在醞釀，小賭怡情就好了啊。年紀大了這樣就很不錯囉。

只是，停在這裡很討厭就是了。貼一張圖給各位做一點點歷史上的回顧吧：

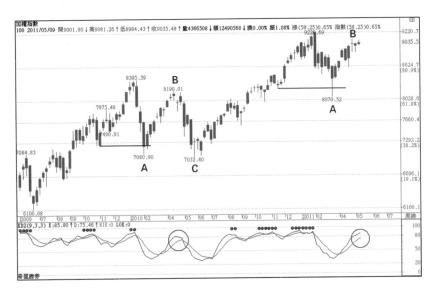

這個ABC是個人心中的腹案，當然也有配套措施，萬一過高，就可能出現2007年11月9859過9807的那一種走法。

很多人都認為明年元月選立委和總統，股市不會跌？不過很奇怪，如果不會跌那應該往上攻擊啊！怎麼沒有看到明顯的主流？類股和個股的輪動怎麼會那樣快速？

同樣是選舉的規劃，你認為複製2010年四月的機會比較大呢？還是複製2007年11月的機會比較大？

不過，還是要提醒大家，這是週線級數的變化，變化比較慢，請給它時間，耐心很重要。

規規矩矩 照規矩

　　《淮南子·說林訓》：「非規矩不能定方圓，非準繩不能正曲直。」這句話是比喻行事必須有個標準、原則。沒有規和矩做為輔助工具，就不能夠畫出方或圓的形狀。

　　今天早上起來，看到美股上漲75點，心想，機會來了！等到早盤一開，期貨開高，手中的8700PUT大跌30％，因為那個價位太遠，我並不想加碼去救它。先買些近價位8900PUT才28點很便宜。9點開盤，從自選股中找了三檔，下了三筆股票空單。到了10點左右，大盤開高下跌回到平盤下方，兩個PUT選擇權的價位已經回到平盤，我選擇拋棄較遠價位8700的PUT，留下8900近價位的葡萄。

這樣做的原因，第一個當然是資金控管的考量，不願意增加籌碼。第二是因為較遠價位的PUT是虧損的，依照「處理虧損的，賺錢的會自己照顧自己」的原則，必須先處理，另外，我考量的是離結算只剩下五天，8700能不能跑得到還有問題，因此選擇退出這一賭局。而保留8900PUT是因為價格比較接近，另外就是，它目前是賺錢的。

很多人對於解套的觀念認為必須股價回到原有價位才算解套，但是個人的觀念不是這樣，金錢的解套對我來說才是最重要的，其他都不是。只要我的錢回到先前的水準就算解套。如果我要等8700PUT解套，可能因為結算在即而遙遙無期。那麼設法換到比較近的價位，利用盤中低點切入，這種轉換是比較容易解套的方式。

盤勢，今早開高你是驚訝，還是欣喜或者是害怕？如果你知道現在處的是轉浪的位置，其實你可以和我一樣以藝術的眼光來看這個盤。5/4很巧妙的以兩點之差跌破前低8866出現轉浪，轉浪之後的規矩應該是反彈不過高，再跌會破新低，今天開盤最高到9082，還是沒有過前高9099！

破低轉浪後反彈不過高，這樣不是都符合規矩嗎？符合規矩那就照著規矩做就好了啊！有人問我，那如果突破9099會怎麼樣？那就是它不守規矩，我就不和它玩，賣光光平倉觀望囉。看得懂的我做，看不懂的我不做。懂多少作多少，這樣就對了。

　　有幾個朋友說，雖然賠錢賣掉手中持股，但現在看大盤每天盤跌一些些，心中卻有點「幸災樂禍」，希望再跌多好找買點。什麼是贏多輸少？要輸少就是一定要會跑。同樣的下跌，手中有股還沒賣和已經賣掉的，感覺是差很多的。賣掉後看到股票開始跌，會產生「好李加在」（台語）的感覺，希望多跌一點，這都很正常。恭喜你了！

　　一點操作的想法和心得，提供大家參考。

這是人工盤嗎？

2011/05/12

　　最近行情總是不上不下的，昨天開高走低，今天開低走高，有不少人說這是人工盤！我不知道大家對「人工盤」的定義是什麼？是因為守在一定的區間不上不下叫做人工盤嗎？或者說守在某一個點位不讓它跌破叫做人工盤，或者說壓在某一個點位不讓它突破叫做人工盤。還是有其他的定義？

　　好吧，就算人工盤，也有一定的規則吧！其實，不管任何一種走勢，都有它特定的目的，但是走勢歸納起來只有三種，一是上漲、二是下跌、三是盤整（頭部整理、底部整理、中段整理）。個人認為所有的走勢都是人工盤。比方說多頭浪上漲

過高、回檔不破低、再漲會過高、屢創新高,這是不是很「人工」?比方說空頭浪下跌破低、反彈不過高、再跌又破低、屢創新低!這是不是很「人工」?箱型整理,不過高也不破低守在一個區間,也是「很人工」啊!

從上面的敘述,你可以感受到它有規則存在嗎?當然這些都是一種自然的現象,但是經過很多前輩整理之後,它成為一種規則,而這些規則就成為後人操作的依據,也就是說它們其實都是人工做出來的,你認為呢?

股市出現人工盤又算什麼呢?現在連下雨也可以做人工雨了!今天傍晚的大雨就是人工做出來的「人造雨」不是嗎。

我所知道的選擇權玩家玩的都是「策略」,也就是所謂的勒式、跨式、鷹式、蝴蝶式……之類的玩法,買方賣方都做。老實說,羅威老了,頭腦鈍了,我學不來也做不來,也不想玩得這樣複雜,對選擇權真的是沒什麼心得。我用選擇權摸頭摸底只是好玩而已,所以找我談選擇權,我們的話題就少了。

今早因為有事要出門,也因為昨晚美股大跌130點,出門前把PUT掛了比平盤高一半的價位,想說「有來就給你吧」,但是晚上回來一看,今天跳高近一倍價格開盤,我賣的是開盤價,就今天來說算是很漂亮的價格。儘管是這樣,但是扣掉先前的虧損,利潤也不過幾千塊而已。

每當有人問我選擇權的問題,我都很老實的回答,我只是小

玩而已，而且我只做買方。因為買方的勝率低，所以我的勝率也不高，歸零是常有的事，能夠打平就算很不錯了，各位常看我寫選擇權，其實都只是偶爾為之的小賭怡情而已。如果你不懂選擇權怎麼玩，那就最好不要懂、也不要玩，因為它真的是吃人的遊戲。

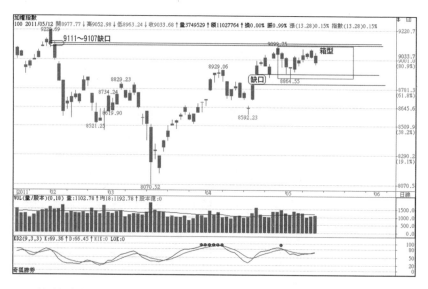

　　趨勢進行中的回檔，砍單很容易碰上又繼續漲的尷尬情況，所以有很多人砍不了手。但是趨勢不可能永遠都是同一個方向，一旦碰到大回檔（或回跌）會砍單的人比較不容易受到大傷害，不砍單的就只好住套房了。

　　盤勢，雖然已經破低轉浪，轉浪後反彈也沒有過高，但是再跌也還沒有破低！我們可以從高點和最近的低點畫一個箱子，這

個箱子了上方有一個9111到9107的下跳缺口，下方是8813到8893的上跳缺口，利用這兩個缺口的壓力和支撐作用，我們可以定義為這是箱型，那麼要馬上破低呢？還是會多晃幾下做盤整呢？就讓操作這盤的「工人」來決定吧！

8070 上來已經九週囉

2011/05/14

時間過得很快，日本大地震造成8070低點已經過了九週的時間了！這段期間台股強力反彈了1000點，這樣的時間這樣的幅度反彈的力道算是蠻強的了。但是最近的兩週卻都沒有進展，一直在9000點上方停頓，到底這裡出了什麼問題？後勢要怎麼看？

羅威也是凡人，當然不知道為什麼，以及後面會怎麼走。本篇我們就KD的技術規則來探討一下問題以及後勢的變化，當然這不一定準確，只是提供參考。

　　本週是8070低點以來的第九週，上圖T＝8而不是9？那是奇狐計算上第一天不算在內所產生的結果，我們可以看到KD的K值已經連續兩週在80上方（上週81.83，本週84.87），如果下週仍然收在80上方，那麼恭喜大家，KD出現高檔鈍化將來9220高點突破的機會大大的提高，而個人的週線B波反彈的規劃可能破局，那我會準備迎接一個「多頭陷阱」的盤了！

　　所謂的多頭陷阱，即是專為多頭設置的陷阱，通常發生在指數或股價屢創新高，並迅速突破原來的指數區且達到新高點，隨後迅速滑落跌破以前的支撐位，結果使得在高位買進的投資者嚴重被套。這就是萬一突破9220之後要特別留意的地方，而不是一看到突破9220就見獵心喜，以為又要看上萬點了，用力去追而掉進陷阱裡面。

　　另外一個情況是，下週KD的K值沒辦法收在80以上，那就是該**鈍化不鈍化，該強不強會轉弱的訊號**，那麼週線的B波就真的出現了。這種B波的指標訊號就類似2010年4月中，週KD也是在80上方兩週，但是月底4/30那週卻只收78.42跌落80下方沒有形成高檔鈍化！於是走C波跌破7080到7032。

　　也許你認為因為有520以及因為明年一月要選總統，應該不會那樣慘，當然我也希望不要這樣，所以說「這只是就技術面規劃」。也請體諒，對於技術分析奉為操作圭臬的人來說，這種訊號的信任度是很執著的。

　　KD的計算是取9天最高價和最低價來計算的，值得注意的是，下週KD計算的低點已經從8070.32提高到8394.22，如果高點9099.75不變，那麼計算的空間就提高了323.90點！這樣的幅度真的不小，對於下週的KD想要維持在80上方是很不利的。

　　我用奇狐軟體【訓練基地】內的【添加模擬K線】功能測試結果，如果高點不變，那麼下週鈍化的關鍵價位是8890，萬一收盤在8889以下K值應該就會跌落80下方，也就是下週只要下跌117點就解決了。

　　當然這一數字是KD預測的數值，只是提供大家參考。已經在9000上方撐盤撐了兩週了，下週會繼續撐住嗎？我們就拭目以待囉。規劃、計劃、變化，操作要看變化小心應對。再叮嚀一次，很多股票當你不幸在高點買到的時候，內心總是不舒服，而實際

上也不僅僅是虧損或套牢，更需要很多時間來攤平成本，很費精神的。

祝大家操作順利！

馮京或馬涼

2011/05/19

史丹佛大學曾經做過一個實驗，他們把四歲大的小孩子單獨留在房間裡，給他們一人一塊棉花糖，讓他們選擇是要馬上吃掉棉花糖，還是等十五分鐘。如果願意等，就可以再多一塊棉花糖當獎賞。

這個實驗後來還繼續追蹤這些小孩子的成長，發現當初願意等待獎賞的小孩子，他們的成就比較好，這就是所謂的「棉花糖理論」。這樣的理論也近似於先苦後甘的說法，別忘了「忍」字是刀子底下有一顆心。就是在說明自制力和行動力的應用，告誡我們要以長遠的眼光去看待一件事情，最後將能獲得又大又甜的棉花糖！

昨天出現紅K過前日高點的止跌K線，今天理應上漲收紅才對！不過今天的盤真的是很戲劇化的盤，早上10點的時候大盤漲到9020，我心中估算明天收週線，週KD是否鈍化只剩下明天一

天，以今天的氣勢8890的鈍化點應該會站上，那麼這週的KD有很高的機會出現高檔鈍化！但是，60分有低檔鈍化，反彈沒過高理應回跌再破低，行情會怎樣的情況？

沒想到10點45分5分K出現破低轉浪，行情停了一下就急轉直下，收盤8892反而下跌51點。8892離我們預估的週KD跌破80的8889點位只有3點而已！這又燃起了週KD可能不鈍化的想法。這節骨眼出現這樣的變化算不算是「老天自有安排」呢？

下午和一位朋友喝咖啡，他也問到這次週KD鈍化的問題。我說，沒有高檔鈍化就是一切依照規劃進行，萬一出現高檔鈍化，也是依照規劃進行。差別是沒有鈍化那就是B波高點，將會轉弱走C波。如果有高檔鈍化，那就是強勢，鈍化完了還是會回檔，那就回檔找買點囉。

其實，這個盤的重點是9220沒有突破前高，對於週線來說都是B波反彈，KD是否鈍化只是判斷反彈是否中止的一個指標而已。鈍化與否對我來說並沒有什麼差別，主要是因為KD對我來說雖然是很重要的工具，但是我的工具不是單一的只看KD，而是很多種方式互相搭配。比如說K線的多頭浪、空頭浪、轉浪，均線的多空……等等。不只是Double check，而且是Triple check！不會因為一個KD而亂了調。

　　目前的走勢是空頭浪持續，空頭浪就是反彈不過高再跌會破低，這一天半的反彈很多人誤以為底部出現、多頭來臨，如果你是極短線搶多單那是可行的，但是60分以上的級數，仍然只是反彈！千萬別把馮京當馬涼，錯把反彈當回升！這就差很大了。

　　週KD會不會高檔鈍化？我們用增添K線的功能找到一個重要的點位，本週收盤收在8890以上就會鈍化；8889以下就不會鈍化。明天就要收週線了，會不會鈍化就交給明天的盤來決定吧！準備好該做的動作，其他的就讓它自然出現，想那麼多其實都於事無補。

　　明天唯一可以肯定的是陽光還是會露臉；公車司機與乘客的相互謝謝聲還會此起彼落；傳統市場的殺價聲，依然不會停歇；花木的春芽會繼續冒出來，股市的投資人，也會勇敢面對命運的安排或捉弄。

感謝與期待

　　週五，加權指數收盤8837，沒有收上週KD鈍化該有的點位8890，結果是週KD沒辦法鈍化。那麼9099是B波高點的規劃已經得到初步的確認，接下來應該是C波的下跌走勢，目標是A波低點8070！以目前的消息面來看，有機會跌這樣深嗎？也許我們看不到、聽不到、也猜不到，但是很怪異的是，股市的K線圖，很確定的告訴我們：「週線轉彎了。」

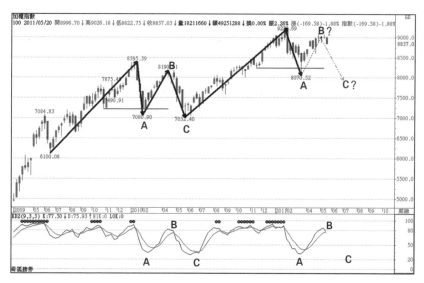

　　加權指數會轉彎，是因為很多股票已經轉彎了，這些股票為何會轉彎呢？是因為很多人賣出這檔股票，然後接手的人不多，一個很簡單的供需原理就讓股票下跌了。如果只是少數的股票下

跌，那還不至於影響加權指數的走勢，但是很多支股票都下跌甚至是一群或一大群股票都下跌，這樣對指數的影響就不一樣囉。所以指數會轉彎，一定是很多股票已經開始下跌了！

那麼，面對這樣的訊息我們能夠不小心應對嗎？

處理問題的原則就是一發生就要處理，對於週線B波高點的說法羅威很早就開始提示，但是剛剛講的時候股價還在漲，所以沒有去注意。也許你認為太早講了好像很嚴重，像天要崩下來了一樣；也許你會說講久了也會被你講中；也許……。你怎樣認為都沒有關係。我只希望大家能夠保住各自的現金，少受點傷，這是我最大的期待。

股市的上漲，很少是一波到頂，總會分好幾個波段；相同的，股市的下跌也很少一波到底，通常也會分好幾個波段下跌。為什麼會這樣？開個玩笑的說法是要不然就不會有多頭浪和空頭浪了。破低會反彈，反彈不過前波高再跌會破低，這是空頭浪的口訣。我想，除非出現轉浪，否則應該有一段時間會在這口訣裡面運作。

週線B波成立，接下來的一段時間應該是不利多方操作的盤，想作多的可以安排個旅遊，少看盤，到處走走或者多看點書充實自己。心性的磨練恐怕也是很苦的差事呢。

這回轉折能夠猜中，雖然技術的成分不少，但是運氣也很重要。這一次在最後一天才驚險的讓KD失去鈍化，羅威只能說是運

氣不錯！該來的來了，該提示的也提示了，剩下的買賣問題就要各位自己處理，這權利在各位的手上，任何人都無法剝奪。

依照慣例羅威不會給任何人買賣的建議，所以請勿寫信來問我，因為我不想、也不會破例。這陣子寫信問股票該不該買或者該不該賣的，或者是希望我給予個股的買賣建議的朋友，很抱歉羅威給大家碰軟釘子，這點要請大家海涵。

我希望讀者都能夠學到好的技術分析和操作方式，所以建議各位不要用走馬看花的心態來學習使用這些技術分析，就算這本股市的故事書也是一樣，一本書絕對有某些東西值得你細心去思考，如果沒有用心去體會，那麼這些指標在圖表的位置將永遠只是一個裝飾罷了。

投資是一輩子的事，舉凡買房、基金、股票等商品，都有它各自的學問，羅威曾經說過，你最少得花三千個小時很用功的努力，才能夠看得懂技術分析，讀者千萬不要被我說的三千個小時給嚇得打退堂鼓！三千小時的投入對任何一位有心想成為專業的交易者來說是絕對必要的投資。

我想經過書籍的講解和這陣子隨著盤勢推演的印證，各位對於方法的運用應該有了一定的概念，只要依法，要受傷的機會應該會減少很多。

轉彎之後

2011/05/23

　　賺錢的方法、策略、程式……，都只有靠自己一點一滴累積經驗，然後自己創造出來的，不可能有今天看書、明天就有用，今天上課、明天就會能賺錢的奇蹟出現在您的眼前。就算有奇蹟，也是要努力學習、並且有千萬次的實做經驗的人才比較有機會巧遇。想告訴年輕的朋友們，只要你已經準備好了，機會隨時都在您的身旁。

　　上週五量價齊跌第三天，18日量價走空，週KD無法高檔鈍化，週線這艘小航空母艦高檔轉彎完成之後，接下來最容易出現

68

的就是像今天這種奪門而出的直奔走法。

我想兩週前羅威開始提醒這是週線B波高點的十幾天的時間中，願意避開、能避開的、會避開的、早就避開了。不想避開、不願避開、或者執著於自己的看法而不願意走的，我怎麼說你總是有理由的朋友，現在急著來信問我該怎麼辦？我也只能建議你們，買賣的決定權在你手上，請自己處理手上的持股，除此之外我還能夠有什麼辦法呢？

我在簽書會中說過，你買書我很謝謝，但是知識不是買了書就能夠得到的！

買書之後，你看了沒？

看了之後，你懂了沒？

懂了之後，你會做了沒？

會做了之後，你做對了沒？

這一層層的練功，為的就是「做對了」，而且還要把事情持續不斷地做對。如果你這次沒有做對，那麼請自己加油，下次如果再度出現一定要把它做對，這樣就好了。

本期《聚財週刊》羅威提到另外一個大的級數，月線今天也出現了轉折！這種連鎖不良反應真的是很糟糕，會不會帶動更大的級數轉折而下呢？老實說對於後勢我的看法並不樂觀，應該說是很不樂觀，但是個人能力有限，最多也只能發出警訊提醒大家，至於成效會是如何呢？就看造化了。

護盤VS趨勢

2011/05/28

　　5月24日，財政部長李述德在立法院財委會答詢時表示：「財政部不是股市主管機關，但每天都審慎觀察股市變化，在適當時機會有適當的處理機制，也尊重投資大眾的看法，相信股民會做出理性的判斷。」

　　盧秀燕追問什麼時候是適當時機，所謂的適當時機是否代表若股市發生大跌或慘跌，政府就會出來救股市？李述德回覆說：「就結果來看應是如此。」個人認為李部長第一段答得很巧，但是第二段盧立委問得很妙。我無法知道這是不是套好的招數，不然怎麼回答得這樣棒！

　　25日股市不理美股大跌，連打兩根長長的鐵釘，看看屬於「台灣就業99成分股」或者是「台灣50權重股」都有不少大單在護持，護盤的說法不脛而走。接著26、27連兩日往上反彈並且補掉5/23的下跳缺口。這種回補的氣勢不能說不強。

　　護盤有用嗎？就個人多年的操作經驗，護盤是有一定的作用，但是這個作用最大的還是在心理上，最近常聽到類似「政府在護盤，不用賣啦！」的說法，讓散戶籌碼安定不少，但是，護盤護的是指數，所以一般都是在權重股，有護到你的股票嗎？依照往年的經驗政府護盤，頂多只是使下跌的盤變成盤跌的盤而已，現在都還沒跌就開始進場護盤？時機上很起人疑竇。

　　國安基金是2000年5月阿扁上任總統後，怕股市因為換總統而大跌，於是成立5000億國安基金，而此基金成立後的的護盤走勢圖，下圖讓大家回味一下。

　　其實，市場的運作有一定的機制存在，如果是尊重市場機能，有好的價值當然可以進場；但若純為怕跌護盤而言，則沒有必要。當年的護盤護到最後還是崩跌就是最好的例子。

　　這回股市剛從9100點下跌到8700點，只有這樣小的跌幅就開始護盤？和以前總是「跌深」才有護盤來比似乎太早了些！這次的護盤是否是為了立法院的答詢面子問題，或者是為了報復520就職慶典當天長黑所做的護盤？就不得而知了。

　　股市有一定的走勢，也有一定的規則，很多消息面的多空其實在技術面早就顯現出來了，這些自然而成的趨勢，並不是人為力量可以扭轉，該來的總是會來的，就算你可以扭轉一時，也無法永遠違抗趨勢。520當天週線KD跌落80下方，自然力量戰勝了人為的護盤，就是一例。

現在進行的是週線級數的下跌，而這一下跌也影響到了月KD的高檔鈍化，以目前來看，月K值在79.75，已經結束鈍化了。以奇狐軟體的模擬K線預估，月底加權指數收盤在8822月K值就可以持續站在80上方，如果本月底收盤在8821之下，那麼月KD高檔鈍化就會結束。

以週五收盤價8810算起來只差十幾點而已，每次都是在驚險之中完成該有的數字，這次會又幸運的出現嗎？每次都在關鍵的最後日期才要做決戰，真的會讓我們的細胞多死好幾個！

以歷史走勢估計，日線級數的回檔大概300～500點上下，週線級數的回檔幅度大約500～1000點附近，月K級數的回檔起碼都是以1300點起跳。如果週線拉回引發月線級數的回檔，級數更大

情況恐怕就更難控制了。週期的牽扯就是如此的緊密，當一個週期出現變化，就可能會影響上一個級數的變化，這相互牽引之間有脈絡可循。

　　也許我們現在想不通，會有什麼樣的利空能夠造成大的跌幅而把大的級數給拖下來？就像兩年前跌到3955點那樣，誰能夠在高檔猜到是雷曼兄弟會出問題呢？3955點當時的風聲鶴唳，又有誰能預測到兩年後會回到9000點啊！

　　看到政府護盤造成的反彈，也會讓人不甘心或者口水直流想要加入護盤的行列，但是以技術面為操作規則的人來說，我是這樣想的：「要我加入？簡單啊！你把技術面轉好，就算你不護盤我也一定進場！」

強哨！這盤

2011/05/31

　　話說1914年12月的一個夜晚，愛迪生的實驗中心，遭遇了一場大火。失去了近200萬美元的精密儀器與大批珍貴的研究資料。這位大發明家站在這不幸打擊的頂端，巡視著一堆堆殘垣瓦礫時，領會到了生活與事業的一條重要的哲理：即使身處逆境，也一定要保持樂觀，愛迪生後來將實驗室重新建立了起來，給世界創造出無法估量的財富。

　　今天大漲165點，成交量1321億，外資、投信、自營商全部買超。這樣的長紅真是強，政府護盤總算護出味道了。一直期盼的月KD會結束鈍化的規劃也因為這一根長紅而化解，不過月KD持續高檔鈍化，對大盤來說也不是壞事，只是經過這樣一攪和，後勢的規劃又顯得撲朔迷離囉。

　　大盤沒有照預想的規劃結束月KD高檔鈍化，它的意思就是說
「我還要繼續維持強勢」，大盤已經表態，那麼對原先規劃的操
作方向而言會有些影響，被影響到的只是多空的持股比例，但是
不會影響太大。因為選股和進出都是依照一定的規則，該空就空
該補就補，可以搶反彈的還是照搶。

　　如果是做期指的，中間短線的變化不也是很明顯的提示了短
多的點位了嗎？這些就讓喜歡短線的人自己去研究，過去已經提
示多次的短線手法，會短線的人自然會做。車子已經駛過以後再
來吹哨子講短線該如何如何的也就不必了。

　　我用KD這一指標的鈍化功能，已經成功的帶領大家走了一大
段的道路，但是畢竟我們只是大盤的跟隨者，偶爾出點小毛病應

該也可以接受吧。比起最近沸沸揚揚的塑化劑事件，這一個月KD沒有高檔鈍化，應該只是小兒科而已。

有讀者認為是這個方法被盯上了，被主力大戶故意對作！嘿嘿，如果你真的這樣想，那未免也太看得起羅威了。風雲變幻，你爭我奪，有人的地方就有江湖，有江湖的地方就有輸贏，放輕鬆點，沒有這樣嚴重啦！轉個彎不就又回到盤勢中來了嗎？

以空頭浪而言，還沒有突破9026最後一個下跌的高點、還沒有出現轉浪之前，個人還是保守因應。萬一過高轉浪，也有幾個現象和讀者提醒：

1. 過高會回檔。

2. 回檔不破低將會再過高。

我一直有個觀念，就是不寫自己不了解的東西！這位置絕對不是可以大賭的行情，多空拿捏在五成資金之間，還是小賭怡情即可。

平凡的指標
不平凡的用法
這一次我們用KD
寫下不平凡的故事

第二章
守成不易

守成不易 莫徒務近功

2011/06/02

　　最近瀏覽了一下國際指數，絕大多數的國家都已經週KD向下很久了，大陸的股市甚至破了日本大地震的低點直瀉而下，唯獨台股一枝獨秀撐在高檔！真是把人給弄糊塗了。到底，台股是處在怎樣的一個狀態，操作上該如何是好呢？

　　我想，大家一定要先了解台股是國際股市中的一分子，如果大環境不好國際股市都走弱，任何一國雖然可以獨強一時，但是最後一定會和國際股市的方向一致的，當然目前獨強的台股也不會例外。

　　加權指數我們固然可以把它當作是一個商品的走勢，可是大家也知道它是不能夠買賣的，大家也知道除了指數期貨之外，我們找不到任何一檔股票走勢是和加權指數一樣的。所以除非你有做台指期貨買賣或者股票買賣否則無法賺到錢。分析大盤的走勢既然沒法做交易也沒辦法從大盤賺到錢，那麼，每天分析大盤幹什麼呢？

大盤的走向其實就是大部分股票的走向，撇開權值股的影響
不談，大盤和股票的關係應該是這樣的：大盤走多，大概有六七
成的股票會走多，作多容易賺錢。大盤走空，大概會有六七成股
票在走空，這樣時機作空容易賺錢。那麼如果大盤在盤整呢？也
就是可能有一些股票走多一些走空，當然也有一些會橫盤整理，
此時多空都能做，但是空間比較小。

以這樣來看，除了真正的空頭時期之外，大部分的時間應該
都是可以作多的，差別只在「該投入多少資金」的問題而已。

個人的做法是如果是多頭格局，我會融資買進；如果是橫盤
整理的格局，我只用現股買進，更嚴格一點的只用一半左右的資
金操作。而在空頭格局，大概只有休息或者作空而已。因此一個

簡單的結論，除非你做的是台指期貨，要不然大盤的格局和方向只是我們資金控管的參考，在何時該重金投注，何時應該減少資金進出，大盤的格局是很好的指標。

受過傷的總是會比較保守，很多人說我「太過小心了」，我自我檢討也確實如此。大概是和年紀以及風險承擔能力有關吧！這個盤和國際的金融走勢有點背離，大盤是隨時可以轉為多方或者轉為空方的大盤整，有些個股的多空方向還是很明確的，問題在——要不要做而已。以我的觀察，在技術面大盤也有很大的疑慮，個人認為掌握度不高的盤就盡量少介入囉。

我會保守是因為年紀讓我變得保守，因為我的需求不大也很容易滿足，常常會有持盈保泰的心理，沒有明顯的趨勢之下我總是不願意大開大闔，小賭怡情或者空手以待是我最常見的方式。我總是抱持著有行情的時候、容易操作的格局、命中率特高的時機好好把握狠狠賺一趟也就很夠了，當獲利了結之後剩下的時間和空間就讓它自由表演了。

把握我能把握的，賺我看得懂的行情，賺能賺得到的錢，守成真的很不容易，短線雖然也可為，但是不太適合自己的個性，所以也不想急功近利，有人問我現在該怎麼做？大概就如國旗歌裡的「守成不易，莫徒務近功」吧！

小提醒

　　最近因為空手的關係，對於股市有點「無要無緊」（台語），但是就另一方面來說，其實我滿關心股市的變化，因為好久沒有碰到高檔護盤的情況了。關於護盤，歷史的經驗是一開始是有護有「盤」，到最後還是「跌」勢居多。

　　從8673低點反彈到今天已經十個交易日了，從這一個多月來的成交區間來看，政府是有意把指數護在9000點上方，在這之上撐著也不想往上攻擊，我不知道辛辛苦苦把指數撐在9000點，對這些護盤人員的意義是什麼？護盤總是分批撥款、分批護盤，從買賣力道來看，第一批護盤的資金大概也快要花完了，個人只是在等待護盤的資金用罄，買盤力竭而掉下來罷了。

　　羅威的想法很簡單，9000上方有明顯的三個重壓力區，目前9220、9309這兩關就很難一次克服，就算給你克服了，過關也是要回檔，以此來看，上面的空間會有多大呢？

　　人人喊萬點（去年羅威也是最早喊萬點的人中的一個）但是這個萬點的看法，在今年新春開紅盤之後的四根大黑K，已經破壞無遺！失去了春節後一鼓作氣攻擊過9309高點的機會，個人已經很久不提萬點的規劃了。今年努力了半年指數只不過回到9000點！最近這樣用力的護住9000點，是讓人存有萬點的幻想嗎？

　　月KD已經連續鈍化5個月了，就時間上來說是夠久了，也差不多要下來了！歷史上的月KD鈍化回檔空間大約是1300～2000點之間，那麼往上最多500點和往下最少1300點，這樣的風報比之下，你會如何選擇？

　　盤勢，成交量一直無法擴大，是一個很嚴重的敗筆，K值昨日在81.39，今天跌落80下方成為79.59，原本以為有機會做高檔鈍化的盤，一下子成為該強不強的盤。敗象已經露出來了！

　　第一批空單在今天盤中已經開始進場，瞄準的都是大型股，因為這些大型股停車時間也夠久了，當盤勢下挫總會出現一段暴跌，然後又出現停車現象。是不是會如同預想很難說，股市投機總也有些賭運氣的成分吧。

　　所謂的停車現象，就是基金有必須七成持股的限制，持股不
足會受到警告，而且不能夠放空，因此多餘的資金會進場買績優
股，因為有這些資金的停泊，造成績優股的線圖會出現抗跌的現
象，看起來就像停車場一般，如2002中鋼就是一例：

　　指標是露出了敗象，但還得進一步確認，加權不太動，但是
各股漲跌差很大。這個時間股票進入密集除權季節，作空要注意
除權息日期。選擇權只剩下幾天，要不要「賭」？怎麼「賭」？
請自行決定。

規劃之後，等待變化

2011/06/09

　　下午和一位朋友見面，他劈頭就說：「羅大！這樣的盤要怎麼做⋯⋯？」看他的表情就知道，今天的盤對他來說，又是無聊的一天。我笑著說，既然不知道怎麼做就不要做啊！無聊嗎？可以睡覺啊，也可以出去泡咖啡館，或者到電影院看場電影也可以啊。

　　打發無聊盤勢的方法其實不難，我也常常說不用看盤，做短波或者長波的人一天中最重要的就是收盤價，所以收盤前看一下就好了，要處理的買賣十分鐘就很夠了。如果不做盤中短線進出，那其他時間的盤勢跟你有關係嗎？

　　也許你因為職業的需要而必須盯盤，那就另當別論了。對一般的投資人來說，本業的收入才是你生活的重點，千萬不要因為偷看盤或者想要盤中來一下短線交易，那可能會讓你的工作品質受到影響，客戶滿意度降低，說不定還會因此妨礙了你的升遷甚至是任免，那就太划不來了！

　　很多人認為明年初就要總統大選了，應該會有選舉行情！對於選舉行情個人也認為應該會有，但是，查閱過去的K線圖，沒有碰過選舉行情是在半年前就開始發動的，而且還要從山頂發動？這更是絕無僅有的事，就歷史來看，要做選舉行情，在選舉前兩

個月來做就夠了，先急殺之讓散戶套牢後，選前開始往上拉，這才夠勁，選票就會從感激的選民手中投了過來。

有關量價的問題，我想就技術面來說，量價關係雖然重要，但是技術分析並不是只有量價而已，還有很多可以參考的技術。在我的分析稿中我很少提到成交量，因為量在波段起點的位置點火成功之後，其實短線的增減並沒有特別的意義，每天在那裡量啊量的也沒什麼意思，所以就不太常提出來說明了。

以前我有位老師講過量價關係，以他的觀察，一個量價的循環應該是這樣的：

低點→量增價平（轉強信號）→量增價升（買進信號）→量平價升（持續買進）→量縮價升（繼續持有）→量縮價平（警戒

信號）→量縮價跌（賣出信號）→量平價跌（繼續賣出）→量增
價跌（觀望待變）→量增價平（轉強信號）→……循環不已。

那麼，以現在來看，現在的量是縮的價是平的，應該是警戒
訊號。要改變這樣的盤勢有兩種方式，一是用價來打破平衡，一
是用量來打破平衡。個人認為用量來打破平衡的機會很大，也就
是量增然後價漲或價跌。

我很少提到空方操作，書裡面也很少舉空方的例子，就技術
面來說，多方的相反就是空方，今天提出這張圖，裡面註明了幾
個字，明天會低檔鈍化嗎？60分K線的KD低檔鈍化有何作用嗎？就
是會讓日KD成為死叉向下啊！

如果60分的KD低檔鈍化了，那麼日K往下應該就可以確認，

而這是前面「小提醒」之後的KD「確認」，那麼K線該如何確認轉浪？均線該如何確認往下呢？這種提過N次的觀點，今天就不說，讓各位動動腦去想想看吧。

明天會如何？我們不知道。但是用盡各種方法，做好可能的規劃方案，毋恃敵之不來，恃吾有以待之。來了就按步驟行事，不來呢？就等待下一回的時機囉。

照規劃的變化，就不必客氣了

2011/06/10

一個精神病躺在床上唱歌，唱著唱著突然翻了個身，繼續唱。醫生很納悶，就問他說：「你為什麼翻過來？」精神病回答：「笨喔！A面唱完當然要翻B面啊！」

這個盤就如上面那個故事，護盤護了十幾天，反彈的調子唱完了，現在翻面唱下跌的歌了。

我們常說，規劃、計劃、變化，規劃永遠趕不上變化！這是操作者的無奈。但是，如果變化一如規劃呢？嘿嘿，從「小提醒」到「等待變化」，是這幾天的規劃的過程，今天開高但是無法過昨日高，我毫不考慮的7月台指下了空單，設好停損之後就開始看戲了。

其實，局勢早已走空，無奈政府護盤讓台股遠遠脫離世界股市的走勢，但是股諺有云「盤久必跌」，護盤資金總有買光的一天，賣壓總會有宣洩的時刻，這十天的等待就是為了今天早盤這一根黑K，可以這樣說——等你很久了。

10點的收盤價讓60分的K值持續在20下方，11點KD就正式低檔鈍化啦！60分K低檔鈍化，日KD會被帶下來，變化就是在掌握中流暢進行，那就更不用客氣空單猛下啦！如果你有興趣看看日KD，再看看週KD，然後看看月KD。因為今天這根長黑，這些週期的KD已經起了不小的化學變化，小心引發出類似塑化劑的大波瀾，那可就要人心惶惶囉！

有人說羅威對於KD鈍化的運用已經到了好像看到水晶球一般，已經有了預知的能力！羅威的規劃有如反射動作般靈敏！規

劃、操作都很連貫，時間也掌握得恰如其份……。雖然明知上面
這些話是恭維話，但是說得也有一點道理，前提是你也懂得KD鈍
化各個層級間的關係的話，其實你也可以了然於胸。

　　如果你願意，反射動作是可以訓練的，**把該注意的東西寫在
一張紙上面，然後做成表格，每天記錄**，久了之後哪些現象該注
意，哪些現象出現後接著會出現哪些現象，你會發現在一個KD鈍
化的循環過程，其實是有規律可循的，當你了解這些規律，你的
應對能力自然會比其他人強。

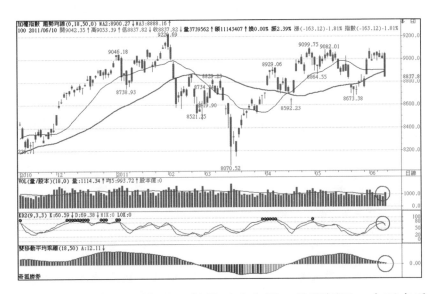

　　圖中的指標圓圈部分，前幾天才在同一位置標示，今天來看
有沒有什麼不同呢？昨天提到量價的變化，過去我學習的筆記有
個量價的循環，因為時間久遠且很少拿來使用，當時可以倒背如
流的口訣，現在也顯得很生疏了，這些口訣你可以參考並且請你

自己體悟，至於說明，請恕羅威最近比較偷懶吧。

　　大家在說沒量，連續五天高檔無量盤整，盤久必跌，在這樣的情況下只要往下一殺，量就出來了！今天不是殺出1114億的量了嗎？

　　護盤第一階段算是圓滿，不過依照過去經驗來看，護盤不會只有一次，還有第二次、第三次、……第N次！我相信總有一次會護住的，只是我們還得忍耐好幾次的護盤的「盤」罷了！這次的圖形如何演變出來的請好好紀錄，將來應該會很有參考價值吧。

閒談

2011/06/11

　　有位記者問彼得‧林區，要如何能培養像他一樣的投資判斷能力？

　　彼得很簡短的反問：「妳怎麼學會開車的？」

　　彼得說，「妳絕對不是天生就會開車，如果妳不會開車，妳一定要去上駕駛課，經過了好多時間的練習，然後，妳還需要有道路駕駛的經驗。考上駕照後，妳也不是馬上成為開車高手，妳一定是開車經驗愈豐富後，才會車開得愈好。」然後他又說：「投資理財不也一樣嗎？妳若沒有花時間學習，怎麼可能成為投

資高手？」

是的，沒有花時間學習，怎麼可能學會開車？沒有花時間學習，怎麼可能成為投資高手？彼得‧林區的一番話，看似簡單，其實是富有哲理。所有的事物都一樣，只要努力學習，再困難的事情也學得會。

有人說，投資只不過是把錢放到可以成長的地方，然後等錢長大而已，哪裡需要什麼技巧。確實如此，但是你要怎樣知道哪個地方？哪個時候？才是「錢可以長大」的地方？然後把握機會在這個時間把錢放進去讓它長大，這就需要學習了。不但要學習，學習後還要實習、實習過後還要不斷的在交易中練習，不斷的改進技術和方法，一直做到熟練為止，如此才能夠真的讓你的錢在投資中長大。

不過，在還沒學會讓錢長大之前，個人認為最重要的是要先學會「別讓錢縮小得太快」反而比較重要。固然，大家把錢拿來股市投資都是想要賺錢，但是等投資過一段時間之後，你才會發現「原來股市也會賠錢」，然後你會研究分析自己的交易，你會知道賠錢的原因可能是因為你的方法不好、或方法不對，或者是因為你該買不買、該賣不賣的心態不對。虧錢總有原因，不必怨天尤人，你務必把原因找出來。

做股票，什麼最重要？量？價？指標？籌碼？消息？……不對！不對！都不對！最重要的是資金控管。為何是資金控管呢？

因為股市裡面只有資金是你唯一能掌握的。除了資金之外，其他的都會突變，所以如果連你最能掌握的「手上的資金」都拿捏不好，其它的又怎能做得好呢？

股市是金錢的遊戲，沒有錢是玩不下去的，現在不適時的停損減碼，現在不規避不必要的買進時機，以後就沒有足夠的資金再進場了。有危險的時候該走還是要走，等到將來技術面好轉以後再進場。股市生存的重點，不是資金多寡、不是技術分析、不是內線消息、不是膽量的有無，而是——安全的離開市場。

雙均線空頭一個很簡單的標準是18MA＜50MA，今天之前18MA和50MA還沒死叉，你看過我的書，或許你還有這麼一點點留多單的理由，但是明天過後，當18MA＜50MA之後，為了你資金的安全，請你在虧損還不多的時候，趕快安全的離開市場吧。

現階段均線空頭的股票

2011/06/11

很高興看到有網友回文說：「第一次感覺到大盤暴跌時我還笑得出來……！」我相信，股價下跌的時候你還能夠笑得出來，這種感覺應該是很爽的。

投資想要明牌，是多數人在股票市場上最大的失誤！很多投資人老想走一條捷徑，期盼能夠簡單獲得利益，這種想偏財運、發橫財的心態，是一種極不正確的投資觀念，也是多數人常犯的錯誤！

關於選股，台股有1300多檔，古老的方法是從第一檔台泥開始，一檔一檔過濾、一檔一檔選。聰明的人，會利用軟體的條件選股功能代替人力，先把符合條件的過濾出來，然後在這些股票裡一檔一檔的選。

這一篇所列出來的股票是電腦依照一定的條件選的股票。

條件：

18MA＜50MA而且負乖離擴大中。

選股範圍：

台灣50權值股、台灣中小型100成分股。

選出股票：

	代碼	名稱		代碼	名稱		代碼	名稱
1	2317	鴻　　海	16	2890	永 豐 金	31	2723	ＫＹ美食
2	2498	宏 達 電	17	9904	寶　　成	32	2393	億　　光
3	1303	南　　亞	18	2609	陽　　明	33	2006	東　　鋼
4	2882	國 泰 金	19	3474	華 亞 科	34	2451	創　　見
5	2454	聯 發 科	20	2337	旺　　宏	35	1304	臺　　聚
6	2002	中　　鋼	21	3702	大 聯 大	36	1723	中　　碳
7	2308	台 達 電	22	2915	潤 泰 全	37	2014	中　　鴻
8	2892	第 一 金	23	2408	南　　科	38	2328	廣　　宇
9	2880	華 南 金	24	1605	華　　新	39	2360	致　　茂
10	2801	彰　　銀	25	3044	健　　鼎	40	2501	國　　建
11	2883	開 發 金	26	2615	萬　　海	41	2504	國　　產
12	3697	ＫＹ晨星	27	2834	台 企 銀	42	2607	榮　　運
13	2347	聯　　強	28	1704	榮　　化	43	2833	台 壽 保
14	1722	台　　肥	29	2362	藍　　天	44	6116	彩　　晶
15	2603	長　　榮	30	9945	潤 泰 新	45	9007	統 一 實

這些股票有幾個好處就是：

1. 盤下可以放空。

2. 不容易漲停，就算被軋空也不怕補不回來。

當然，條件選股的設置很活，上面只是舉例，你不選這些股票作為放空的標的也沒有關係，要加入其他的條件（入投信、外資賣超、董監事賣股、其他的基本面篩選……等等）都可以。

就操作來說作多比放空的空間寬闊太多，我比較喜歡作多不

喜歡放空，但是放空可以提醒自己「這是空頭，避免作多」。因為資金已經放空，想作多就沒多少資金了，也不會去想低接的事情。

以均線來說，它們是均線走空的股票，照理也就是所謂的空頭股。我給你一堆用條件過濾出來的股票，除非你資金雄厚全包，要不然還是要自己挑股票。這些股票裡面有很多都是很久不動了，也就是所謂的「停車現象」。有很多是有反彈但是卻沒有過前高轉浪的反彈股票。該怎麼選？請自己定奪。

本文只是告訴你該如何找一定條件下的股票，為何別人選得到你會選不到？條件設定好後，總有一籃子的股票可供挑選，總比在全部一千三百多檔股票中去挑簡單多了，每個人的選股觀點都不一樣，最適合自己的操作方法，只能靠自己從經驗中不斷的修正。

知己知彼，百戰不殆

2011/06/13

　　《孫子・謀攻篇》中說：「知己知彼，百戰不殆」。殆，注音ㄉㄞˋ，危險、不安。意思是說，在軍事紛爭中，既瞭解敵人，又瞭解自己，百戰都不會有危險。

　　這句話接下來的句子是：「不知彼而知己，一勝一負；不知彼，不知己，每戰必殆。」也就是說，如果不瞭解敵人而只瞭解自己，勝敗的可能性各半；既不瞭解敵人，又不瞭解自己，那麼每次作戰就都有危險了。軍事對陣固然如此，我們投資的工作不也是如此呢？投資像打仗，永遠有風險，因此一個好的投資人，只能期待不要打敗仗，永遠不要期待能夠百戰百勝。

　　知己知彼，百戰不殆，這句話裡面有三個重點，在我們投資理財的運用上該如何才是理想呢？

第一「知己」：投資之前要先認識自己適不適合投資。

第二「知彼」：現在的投資環境適不適合投資。

第三「不殆」：不要在容易失敗的地方投資。

　　就我所知，大部分的人只在認識市場的趨勢和轉折上下工夫，也就是很用心的學習和磨練第二項「知彼」的功夫，希望能夠判別和抓住市場的趨勢和轉折，但是卻沒有在第一點「知己」

上下功夫，沒有摸清楚自己的投資性格，也無法處理自己家人不同的投資性格，因此很容易遭到失敗。

昨日台北講座，其實我的目的是舉例大級數的季KD將出現轉折，配合舉例歷史上下跌空間的誇大肢體語言，來恐嚇各位，希望大家不要不信邪，還留著政府會戶盤還可以作多的想法，最好把跌破50MA的股票先處理掉。

當然，我知道多數報名聽講的朋友大都是我專欄的忠實讀者或者是粉絲，早已經賣光並且放空獲利了，賺了錢才來報名這個講座，不過我想讓那些還存有選舉護盤或多方想法的人，最少先避開一段下跌，最少也要把講座的費用給賺回來……，希望我的恐嚇是有效的。

最後的時間我以「定法與精進操作能力」為題，談到定法為何那樣重要，該如何定法。「方法」不是一聽就有效的，一項技能要學好，工夫要扎實，這項技能要讓你不斷去演練，重複去做才能真正達到靠操作賺錢的地步。

因為每個人的個性和家庭背景都不同，所定的方法也不同，所以方法一定是要自己定的才是最好又最適合你的方法。投資作戰要拿最適合你的武器，喜歡長槍的就不要去拿短劍，適合短波段的就不要去學長線佈局。定法後更要調心適法，否則法還是法，你還是你。

我們要百戰不殆，並不是要求百戰百勝每次都打勝仗，在投

資理財上，我們可以選擇可以投資的時間、和可以投資的對象。俗話說「柿子挑軟的吃」，我們不是被迫應戰，而是我們可以自己挑可以打勝的對手來打，投資作戰不打沒有把握的仗，投資要在勝率較高的方向投資。武癡林向葉問討教切磋時，唸了一堆口訣，葉問笑他不要只記得口訣，最要緊是能打得到人。我覺得這才是投資上「百戰不殆」的意思。

早盤一開，就見到8747，跌破前低8748低點，破低後會有反彈但是已經不影響多空了。空頭浪破底會反彈，反彈會再破低，所以只要以後不漲過9089都還在空頭浪的管轄之下，今日再跌百點並不意外。

如規劃的盤最好做，順了勢的盤最輕鬆。盤中無所事事，打打字和大家聊聊，祝大家操作順利。

大浪小浪最近的浪

2011/06/15

　　最近很多人發出關於多頭浪的低點定位上的疑問，我閱讀《活出股市生命力》多頭浪和空頭浪這一篇，以及後面的實戰篇，我覺得已經寫得相當細膩了，怎麼會有那麼多人看不懂呢？是我表達得不好呢？還是各位沒有看完或者沒有仔細看呢？就再簡單的說明一次吧。

　　這是今天大盤的日K線圖

　　裡面有兩條藍色橫線，8673和8748是日線級數的低點。最近破低是破了8748。

　　下方有兩個箭頭所指的點位8070和8592，這是週線的低點。這兩個低點如何來？請你到週線去看，然後把週線的低點畫到日K

線上面就成了。

　　週線一個大波日線會有好幾個小波，這就是大浪包小浪。想學功夫看書是一定要的，但是書看完了沒有找圖形去練習跟比對也沒用，吃三把青菜是還無法成佛上西天的，練功夫扎馬步，不花時間下功夫是不行的，到底是要細嚼慢嚥還是囫圇吞棗，這是看個人囉。

　　羅威寫稿已經很多年，書也出了好幾本。深度和廣度也依出版順序而增加。新來的朋友可能是買到最近出版的書籍，過去的相關技巧會有看不懂的地方，在羅威的部落格提出來當然是一種方法，但是網路回答比較簡潔，不如書籍描述精細，如果能夠把先前書本裡的技術弄通，或許是比較根本的辦法。

📈 **盤勢：**

前日破低昨日反彈，這是很正常的現象。同時也因為今天是台指期結算，大跌之後拉高做較好的結算價，是大戶作手很平常的心態，反彈目前只進行到15分K的級數，以日K操作的人在60分KD還沒鈍化之前，空單還沒有擔心的必要。

國安攪局、期指結算，都是人為的控盤。最近的走勢難度很高，如果短線轉折沒把握的朋友，最好減碼觀望一段時間會比較好。

雙均線死叉

2011/06/15

知識的「知」是從不知逐漸演化來的，今天的不知可能經過學習而轉化為明天的知，今天的少知可能因為經驗而轉化為明天的多知。這種轉化的前提是求取，假如自己不努力，不僅無法得到「知」，不知也轉化不成知，而且還會不進則退，由知退化為無知。

在股市方面，以我個人來說，我和很多老師學習過，也看過很多相關的書籍，我得到很多股市的操作技巧，這些技巧經過實戰經驗和不斷的內化，讓我轉化出自己的分析和操作模式。不過因為有了這些固定的模式，所以很多沒有加入目前操作模式中的

方法，可能都被我暫時遺忘了。這個遺忘，不是因為那些方法不好，只是因為我用不了那麼多。

相對的，有人認為這是作者故意藏私、隱藏某些東西不講！當然這種說法也很難辯駁，說真的我全身都是武器，從航空母艦到袖裡針我都有，但是，對於要在股市賺錢來說，少數幾樣工具就夠了，因此我只能經過多次的試驗和淘汰後，選擇少數幾樣最合於我用的，我書上寫的內容就是我目前在用的方法。而那些我沒有披露的方法，可能就是因為我認為用不上，或者時機還不成熟，或者某些因素沒有說出來，如果你可以把我所講過的學起來，尤其是「兩條均線、一個指標」的操作方式如果能學好，就已經很夠用了。

今天的K線圖來看，18MA已經小於50MA，均線已經在昨天出現死叉，那麼該如何看待？因為加權指數不能作買賣，所以買賣必須找個別的標的。但是就資金控管來說，這兩條線的幾個現象卻是資金控管很好的依據，如下圖「雙移動平均乖離」指標上面的文字所示：

　　請各位回顧過去到現在，羅威的資金控管方式是不是如圖示說明那樣在進行？資金控管是投資股市中最重要的事，雖然因為資金的伸縮無法顯現暴衝的績效，但是也不會有暴損的可能，平平穩穩的投資（或投機）有何不好呢？

　　18日量價其實也已經走空了，但今天又一根1277億的大量，《轉折生命力》一書中提到，在18日量價走空的格局中，這是第一條件出現了，接下來明天會不會出現第二條件呢？有經驗的網友可以猜猜看。18日量價走空，雙均線也已經死叉，空頭格局算是已經明朗了，這兩天台指結算前的反彈也已經彈了，接下來呢？有句格言可以參考「空頭，漲三天不追高」，明天以後該注意空點了。

今天先殺百點再拉百點的大震盪，讓我心裡在想，到底是何方神聖有如此大的力量，下午看到期貨商寄來的報告，原來真的有超級大戶在角力。

台指期三大法人交易狀況

單位數：口數

日期		多空交易口數淨額				當日留倉					加權指數
		自營	投信	外資	合計	自營	投信	外資	合計	增減	
6/1	(三)	1,096	9	918	2,023	2,050	956	5,987	8,993	2,487	9,062.35
6/2	(四)	-845	-268	120	-993	1,246	688	6,046	7,980	-1,013	8,991.36
6/3	(五)	1,947	192	-2,731	-592	3,186	880	3,331	7,397	-583	9,046.28
6/7	(二)	527	-151	-1,227	-851	3,659	730	2,068	6,457	-940	9,057.10
6/8	(三)	-2,642	-137	-344	-3,123	1,017	593	1,300	2,910	-3,547	9,007.53
6/9	(四)	-1,606	-213	-88	-1,907	-589	380	1,183	974	-1,936	9,000.94
6/10	(五)	-915	-407	-2,011	-3,333	-1,560	-27	-2,864	-4,451	-5,425	8,837.82
6/13	(一)	-859	63	2,086	1,290	-2,571	36	-979	-3,514	937	8,712.95
6/14	(二)	56	823	-798	81	-2,686	859	-1,212	-3,039	475	8,829.21
6/15	(三)	571	-188	-5,018	-4,635	-1,503	679	-8,300	-9,124	-6,085	8,831.45

　　本月外資的期貨多單從月初的6000口逐日遞減到最近成為空單，今天突然爆出8300口空單，這個數字也許每個人的解讀都不一樣，但是也只能說……兄弟爬山，各自努力了。

除權旺季的思考

2011/06/16

　　隨著股東會的召開，除權息的旺季也隨後跟來，據統計今年的現金股利大約有一兆三千億左右要發放，目前已經有一百多家上市櫃公司訂定了除權日期，相關的資訊可參考聚財網「除權除息時間表」(http://stock.wearn.com/divid.asp)。

　　因為個股除權息會影響大盤跟著權值的大小而降低加權指數的值，這個影響在台指期貨會領先反應，所以在除權息密集的7、8月台指期會顯現明顯的逆價差，預估7月權息是210點左右，所以台指期的逆價差會在200點上下，然後逐漸縮小，一直到結算日（7月的第三個星期三）才會拉平。8月的權值預估為120點左右，所以8月期指目前的逆價差達280點。這是最近逆價差為何這樣大的原因。

　　今天台指期下跌137點，但是連續月K線圖上卻顯示下跌345點！而且有一個很大的跳空缺口，是因為原本單月的台指期K線圖價位延續到連續月的K線圖所產生計算上的誤差。

　　從圖形上看是有頭肩頂的型態，若以相等跌幅計算滿足點應在圖中粉紅色位置8056.50，不過應該不是一波到位，而會分段下跌以空頭浪的方式來進行才是正常。長線操作者不見轉浪不必回補空單，短線操作的人要如何短線進出就請你自個兒定奪了。

　　這樣大的跳空缺口讓K線圖看起來很恐怖，這個缺口要怎麼算，個人的看法是缺口就是缺口，除非你有技術上的需要，否則不用刻意去粉飾。台指期因為連續月的K線差價常常存在容易誤判，這也是個人分析上一直採用加權指數的理由。

　　關於要不要參加除權這一個問題，要看你的傾向如何，如果是長期投資以領股利和股息為主的投資人，大可維持原有的投資策略每年都參加除權息；但如果是你想要除權前買進，賺取除權前上漲的價差，或者等將來填息後賣出賺取權息的朋友，今年的除權行情恐怕不樂觀，原因是雙均線空頭的情況下，除權前行情本來就難以樂觀預估，填權行情也很容易貼權。

　　對於除權息後要不要復權的問題，我一向是主張不復權的，不管權息多少都把它當作是一個下跳空的缺口就好，這是我的習慣，一路走來始終如一，為何要如此做的理由已經在過去的書中說明過了。當然，你不一定要依我的方式，你可以用你的方式去判斷。

　　加上今年開始實施二代健保，股利需繳納2%的費用納入「補充保費」，對大戶來說也是一個不小的負擔，棄息賣壓應該會比往年重很多。想要參加除權息賺股息和股利的朋友，個人認為這是必須納入考量的。

　　我這樣說，並不是說不要去參與除權息，對於長線投資以領股息股利的人來說，在低檔價位便宜的時候投資績優的公司，領取股息股利，不失為一個很好的投資方式。但是前提是你買的價位夠低，還有就是公司的股利發放讓你覺得很滿意。若非如此，只因為公司發放的股息不錯就想要去買來除息，等到利息到你戶頭才發現貼息嚴重，那就划不來了！

📈 **盤勢：**

今日跳空下跌百點，收盤跌177點，又是一根長黑K，如果你早已經閃過了，羅威恭喜你，請為你的果敢記上一筆，但是千萬別感謝我，因為羅威寫稿只對自己負責，無法對大眾負責。這一回羅威能夠猜對方向，一方面是工具訊號解讀正確，一方面也是運氣好罷了。

羅威比較擔心的是季KD會不會鈍化的問題，經過這幾天大跌似乎越來越有可能實現，萬一到本月底收在8100點下方，則預言成讖，那就真的很糟糕了。這個指標現象在此先做預告，已經聽過的就請有心理準備就行了，我們還需要一步一步的印證。

7月開始要進入除權息旺季，加權指數也會因為除權息而扣掉權值，依照往年經驗，期指會先扣除下個月即將除息的點數，因此7月台指與大盤形成逆價差200多點。在正常的操作中這些逆價差會一直存在，隨著除權息的扣點，雙方會逐漸拉近，個人認為對操作沒什麼影響。

不過，對於操作期指的朋友可能會常常碰到指數大漲，台指期卻不怎麼漲，指數大跌台指期也不怎麼跌，這種漲跌幅不同步的尷尬情況。萬一到結算前還是有很大的逆價差，因為結算是以加權指數做結算參考價，如此一來空單就很危險了。

週線破低轉浪

2011/06/20

我們說，多週期的配合尋找多週期的共振是很不錯的策略。多頭要選月KD向上、週KD也向上、日KD也向上的股票作多。那麼現在月KD已經向下、週KD也向下、日KD也向下，三個級數都向下，那不是空頭又會是什麼呢？

目前的格局在週KD的向下走勢，等到6月底確定月KD結束鈍化後，格局將轉換為月KD的回檔走勢。走空的級數越來越大，速度也會越來越快，幅度也會越來越驚人，這是一定要小心的地方。

今天加權指數再跌105點，離六月中旬講座之時的高點又更遠了，離季K不會鈍化的距離又更近了一些，才幾天而已，這樣大的變化令人不勝唏噓。加權收盤最低點在8518已經跌破週線多頭浪的低點8592，週線的轉浪出現，也就是週線已經出現敗象了。

　　股價有一個很奇怪的慣性，多頭浪過高容易回檔，空頭浪破低容易反彈！週線破低總會醞釀一下反彈的契機，但是何時會反彈？會反彈多高？這都難以事先規劃。不過知道破低之後會有反彈的你已經贏很多人了，剩下的我們就等待有反彈跡象的時候再說吧。

　　股價的轉空，是從低層級的60分K破低轉浪並且走空開始，延伸到日K破低轉浪並走空，然後週K、月K⋯⋯。喜歡作多的人看到這樣的現象，就如剝洋蔥一樣，一層一層的剝下來，眼淚也會一滴一滴地掉下來⋯⋯。

　　就KD指標來說，也是一樣一層一層剝下來的。從60分KD低檔鈍化，帶動日KD死叉，然後日KD到20以下連續三天形成低檔鈍

化，接著帶動週KD死叉……，這樣一層一層的往上剝，KD的城牆就一層層的往下掉落。

日KD的K值這兩天的數字是17.80、12.59，已經兩天在20下方，明天只要還在20下方，KD就低檔鈍化了。我們運用增添模擬K線的方法測得關鍵點是8705，假如明天能夠收盤在8705上方，K值會回到20上方，這樣KD就不會低檔鈍化，將會有一波反彈。若收盤在此點之下則KD將出現低檔鈍化，也就是弱勢的開始，然後看它會持續低檔鈍化幾天？

如果明天能夠低檔鈍化，也就是第一次低檔鈍化，那麼就如同KD第一次高檔鈍化一樣，將會有反彈不過高、回檔會破低的循環。股市多頭時，大家都會賺錢，不過如果因為多頭時期賺

到錢，就以為可以靠股市不用工作了，這可是天差地遠囉，**空頭**
的時候你還要有本事守住這些錢才行，這點請在下跌中慢慢體會
吧！

　　覆巢之下無完卵，趨勢走空，雖然還有些個股硬撐，但是依
照歷史的經驗，如果大盤繼續往下，這些股票也是會撐不住的。
轉空有一定的步驟，從9099高點開始你可以依照轉浪、空頭浪、
加上KD的變化，一一的去比對印證。想做細一點的，還可以加入
60分來觀察，一定會有所收穫。這些功夫內化進入你的系統，永
遠都是你的。

2011/06　（週五）

	代碼	名稱	最新	漲跌
1	100	加權指數	8636.10	-18.33
2	FITX1	台當月	8461	-33
3	FIMTX1	小台當	8462	-32
4	107	摩台指數	303.85	-1.62
5	STWA1	摩當月	302.5	-1.4

台指期　逆價差175點

2011/06/20　（週一）

	代碼	名稱	最新	漲跌
1	100	加權指數	8530.68	-105.42
2	FITX1	台當月	8401	-61
3	FIMTX1	小台當	8400	-62
4	107	摩台指數	301.52	-2.33
5	STWA1	摩當月	300.3	-2.2

台指期　逆價差129點

跌幅不同
逆價差收斂

　　雖然今天加權指數跌了105點，但是看看台指期只下跌了61
點，7月的逆價差已經開始收斂。逆價差的收斂有很多種方式，但
是總會在下月的結算日（第三個禮拜三）收斂到幾乎一樣，最後
以加權指數做結算價。逆價差的收斂會影響多空的收益，但是並
不會影響多空的判斷和操作，如果你做的是台指期，那就照著台
指期技術面的買賣點進出就行了。

　　不喜歡或不會作空的，還是一樣「現金為王」。千叮嚀萬交代，一定要守好現金，18MA＜50MA的空頭格局，負乖離不斷的擴大中，可千萬別手癢去搶反彈。

反彈的秘密

　　幸福有一個定律：**幸福與抱怨成正比**。越幸福的人越會抱怨，越認為自己不幸福。想起以前看過一篇文章，裡面寫著：幸福是一種時時處於恩寵的狀態，滿足於現在。當你能在每一個當下感覺幸福，你也能在一朵花裡看見天堂。

　　今天傍晚，太太接到兒子的一通電話之後樂不思蜀，快樂得不得了！我問她什麼事讓你這樣快樂？太太微微一笑說：「這是秘密，不告訴你！」。聽她這麼說，我並沒有追問，因為我知道最少在上床前她一定會告訴我，就讓她在睡覺前保有這個秘密吧！只要別太高興而睡不著就好了。

　　今天的盤雖然上漲66點，但是在預期的低檔轉折點之下，也讓KD如願的出現了第一個低檔鈍化。

對於KD這個指標還有一個附屬於這一指標內的3K－2D（公式
＝3×K－2×D），也就是J指標。在《波動生命力》一書114頁有
簡單的說明它對高低檔有領先告知的能力，就是在100上方股價接
近高點，在0的下方股價接近低點。

J指標這種高低檔的訊號雖然很少出現，但是它的提醒功能有
很高的成功率，是很可靠的指標訊號，所以當它在0以下轉折向上
的時候，有可能是短線的回補點。

今天大盤出現這樣的訊號，相信很多同修都先回補一些空
單，等待再出手的位置，羅威也是先補掉手中三檔不太願意下跌
而且有反彈跡象的股票，目前手中只剩下兩檔共四成的空單。現
金在手希望無窮，標的已經選好，等待反彈找反彈不過前高的股
票再次放空。

　　今天雖然上漲，但是在短分時K線上只有5分K的KD有高檔鈍化，以這樣的情況來看，要連綿到60分K的級數，大概得連漲三天才有可能。中間只要有任何轉向的訊號，反彈就會結束。格局的演變雖然都是從最小級數開始，但是如果無法從最小級數影響更大的級數，也是「無三小路用」（台語），因此目前如果想作多，也只適合短線的當沖，留倉多單還是不利的。

　　簡單提醒，祝大家操作順利！

反彈的功用

2011/06/23

　　搶反彈的意義在於「搶」這個字，搶的意思我們實在是再明白不過了，由於是搶，理所當然就有被抓的危險。如果心態不健全，很容易著了「新兵套在高檔，老兵死在反彈」這句古老諺語的道兒。老兵之所以會去搶反彈，憑藉的就是藝高人膽大而已，但是因為久經戰場也很容易自大，而被套在反彈高檔。

　　在股票市場上，搶反彈就是以最快、最危險的辦法爭取獲得最大的效益，猶如到虎口裡拔牙，弄得不好也許會偷雞不著蝕掉一把米，不但破了財，心態也會變壞。前兩天的反彈因為今天的黑K嘎然而止，這樣的反彈實在很短，短到補空馬上要翻空。

一個趨勢的上漲，不會是一波到頂，通常會有很多個多頭浪；一個趨勢的下跌也不會一波到底，通常會有很多個空頭浪。多頭浪回檔的目的是在製造下次回檔的支撐點；空頭浪的反彈是用來製造下回反彈的壓力點。

例如這波反彈的壓力點就是6/15的高點8876，因為反彈到8876後跌破8703低點，才回頭確認8876是反彈的高點，而經過這兩天的反彈有了一個新高點8679，這一個高點目前只是疑似反彈高點，必須要等到跌破最近低點8518之後，才能夠確認這是下回的壓力點。在這點還沒有成立之前，目前的轉浪點還是在8876。

KD低檔持續鈍化，誰也不知道它會鈍化多久。這兩天把原本的現金又下了三檔空單，時機點沒有拿捏得好，但是還是「勇

敢」的給它空下去。個人以KD指標來觀察，短線會有反彈，只要不過空頭浪最後反彈高點都還是在空頭的領域。

空頭不作多，並不是說空頭沒有會漲的股票，縱然現在每天都還是會有少數衝上漲停板的股票，但是這種沒有訊號就突然盤中急拉漲停板的股票，有幾個人能夠真正的逮到它呢？空頭格局作多的成功率小，空間也不大，除非你是盜帥飛毛腿，否則還是把手綁起來、不要亂接股票會比較好，想去「搶」那一點點價差，可得小心到處都有監視器和警察，隨時會被抓去關在套房裡面，很划不來的。

最近有不少朋友寫信或悄悄話來報喜，也有的在回覆文中直接表達，說他這次高檔有跑掉所以沒有受傷，也有的說他開始學著下空單而且有獲利了……等等不勝枚舉。說真的，你願意避開高檔的風險，羅威恭喜你，但是這是你願意改變心態，果敢的決定你的操作模式所致，這點羅威不敢居功。

請記得「你才是主角」，你願意接受雙均線走空的事實，你願意接受三級KD都走空的威力，所以你做了該做的動作，避開危險、增加放空收益，這是你應得的福報，有收益就請多樂捐做些公益，這樣是可以增加福報的，讓善的循環不斷地發生在你身上吧。

離月底還有五個交易日，離8100還有467點，看來除非出現趕底行情，季KD應該拉不下來。記得上個月為了拉下月KD而在最

後一天碰上大漲165點的教訓，這五個交易日可要格外小心應對。個人的看法，火車只會遲到或者誤點，但是火車一定會來。就如月KD上個月沒有拉下來，這個月就被拉下來一樣，季KD這一季不轉彎，下一季還是要轉彎的。

打靶還是打飛鳥

2011/06/24

我常常把波段交易的選股稱為「打靶」，因為波段交易的朋友大概都比較沒有時間看盤，所以選股可以在收盤後甚至晚上有空的時間才做。這時候的K線都已經不會動了，你可以依照你所會的方式慢慢的一個一個考慮，從粗選出的股票當中再次精挑細選，選擇最滿意的然後隔天進場。

而短線操作的，尤其是專做當沖的人，這種極短線的操作就如打空中在飛的鳥，你能瞄準的時間很有限，你扣板機的時間也很緊湊，鳥在飛的時候你必須在很快的時間內瞄準完畢並且開槍！想要打得到在飛的鳥，不但基本功夫要好、經驗要豐富，盤中的反應也要相當快速，這難度很高喔！

　　除了這兩種比較常見的之外，還有一種也很常見，那就是打在地上跳的鳥。最高最低看起來還有5、60點，但是真正可以當沖的交易空間卻只有少少的2、30點。這樣的盤很容易讓當沖客做出過度的交易，很划不來的。

　　今天的短線盤就是這樣，有如收割後曬在大稻埕上的稻穀，很多小鳥在曬穀場旁邊的地上跳啊跳的，你想打牠卻是很難打中，就算打中了往前一看，也只是一隻小麻雀，沒什麼肉、連骨頭都很少。然後，你會看到你的交易次數和口數會突然暴增，費用增加很多，就算你打到了麻雀也划不來。結果最高興的就是收你手續費的期貨公司和你的營業員！

　　個股的日K線也有很多時候會出現小鳥地上跳的圖，這種圖你怎麼辦？

視而不見？

拿槍來打鳥？

用大砲打小鳥？

　　當然要趕曬穀場的麻雀，還有其他方法，比如，就拿競選用的旗子搖一搖，吆喝幾聲，小麻雀就飛走了！

　　不過，現在農村都已經機械化了，稻穀收割後都直接賣給碾米廠烘乾，好像也看不到農村有人在曬穀子了。

反彈之後……

2011/06/24

　　以前學技術分析的時候老師總會告訴我們，你們先要學的應該是「如何賣股票」而不是先學「怎樣買股票」。也就是要「**先學會作空，再學作多**」。會作空，在危險的時候自然會跑掉，自然不會被套牢！不被套牢就不會虧到大錢，這實在是很重要的事，尤其是在空頭的時候。

　　空頭，走空頭浪，空頭浪怎麼走的相信大家都已經琅琅上口了，不過可能還有些新朋友還不知道，23日分析稿圖中的「未確定的轉浪點」今天已經變成「轉浪點」了！差別在哪裡呢？因為今天有破8518低點，兩個低點所夾的高點就叫反彈高點，也叫做轉浪點，這樣應該可以了解了吧。

　　空頭浪的反彈是用來製造下回反彈的壓力點（轉浪點）。這兩天的連續圖應該可以很清楚的讓新朋友了解，轉浪點是怎樣做出來的了吧。空頭浪一波一波低的走法，自古到今都是這樣走的，我相信以後仍然會是這樣走。

　　多頭浪、空頭浪、轉浪點在哪？怎樣叫做轉浪？股市操作把這幾個現象弄懂，應該已經可以立於不容易失敗之地了。接受一個觀念或一個技術現象，也許只有一念之間而已，但是知道到熟練可能要花你一輩子的時間來練習。

　　很多盤勢並不是我們能夠從頭到尾都看得很清楚的，所以，我們看懂一波就做一波，看不懂就不要勉強了。轉浪點的改變，讓空頭浪的轉浪位置從先前的8876變成8679，位置變低了，看起來是很容易越過，不過，是否能夠越過，還要看有沒有那個力道

才行，力道夠，簡簡單單一跳就過了，力道不夠，就算多蹲好幾次，無法越過就是無法越過。

力道有很多種，成交量是一種、指標也是一種，而最近比較受到大家津津樂道的就是「台指期外資交易狀況」，統計這個月的外資期貨買賣單如下表：

台指期三大法人交易狀況

單位：口數

日期		多空交易口數淨額				當日留倉					加權指數
		自營	投信	外資	合計	自營	投信	外資	合計	增減	
6/1	(三)	1,096	9	918	2,023	2,050	956	5,987	8,993	2,487	9,062.35
6/2	(四)	-845	-268	120	-993	1,246	688	6,046	7,980	-1,013	8,991.36
6/3	(五)	1,947	192	-2,731	-592	3,186	880	3,331	7,397	-583	9,046.28
6/7	(二)	527	-151	-1,227	-851	3,659	730	2,068	6,457	-940	9,057.10
6/8	(三)	-2,642	-137	-344	-3,123	1,017	593	1,300	2,910	-3,547	9,007.53
6/9	(四)	-1,606	-213	-88	-1,907	-589	380	1,183	974	-1,936	9,000.94
6/10	(五)	-915	-407	-2,011	-3,333	-1,560	-27	-2,864	-4,451	-5,425	8,837.82
6/13	(一)	-859	63	2,086	1,290	-2,571	36	-979	-3,514	937	8,712.95
6/14	(二)	56	823	-798	81	-2,686	859	-1,212	-3,039	475	8,829.21
6/15	(三)	571	-188	-5,018	-4,635	-1,503	679	-8,300	-9,124	-6,085	8,831.45
6/16	(四)	-2,102	-53	1,197	-958	-3,612	626	-7,810	-10,796	-1,672	8,654.43
6/17	(五)	-500	177	-472	-795	-4,112	803	-8,509	-11,818	-1,022	8,636.10
6/20	(一)	-355	31	2,726	2,402	-4,453	834	-6,409	-10,028	1,790	8,530.68
6/21	(二)	18	12	-3,447	-3,417	-4,435	846	-9,889	-13,478	-3,450	8,597.62
6/22	(三)	492	342	31	865	-3,943	1,188	-9,922	-12,677	801	8,621.04
6/23	(四)	-542	-336	-1,713	-2,591	-4,502	852	-11,857	-15,507	-2,830	8,567.28
6/24	(五)	478	-128	-5,562	-5,212	-4,056	724	-17,430	-20,762	-5,255	8,532.83

空單逐漸加重
殺戮即將出現

從上面的紀錄可以發現，外資的多單是從本月初累積然後在高檔賣出，6/10以後不斷的累積空單，目前已經到了一萬七千多

口，如果各位還有印象，9220高點的時候外資累積了兩萬多口的空單，然後開紅盤後直接摜殺600點，把現貨賣在最高點、期貨回補在超低的點、然後匯出的外匯在升值的高點，三方通吃，可謂大獲全勝！

而這回在跌了600點之後，才看到外資的大空單，也許有人會問「還有下跌的空間嗎？」、「再跌，選舉就不用選了？」……，個人對這些情緒化的語言一概從眼前忽略而過，不用想也不用猜，事實擺在眼前，台股大半的籌碼都已經掌握在外資手裡，台股的漲跌也已經完全掌握在外資的手中，要把它捏成圓的還是扁的，全在人家的手上。在這樣的情況下，大戶的方向就是我們的方向，個人認為外資的大量空單一樣會獲得很滿意的戰果，也就是說股價還是有得跌，就看人家怎麼操控而已。

雖然，羅威是以技術面發現這波是週線的B波反彈，必然會有一個C波下跌，也曾大力的提醒大家高檔的危險，而且到目前也似乎證明方向沒有看錯。但是看對方向還要有操作的策略，和依法操作的心態，如果後面的策略、心態沒有跟上來，光有技術還是賺不到錢的。對於有些朋友雖然一路看羅威的文看下來，但是多單持股的信心依然不減，羅威只能搖頭說錢是你的，我實在也沒辦法啦！

一週過去了，一點小小的想法和大家分享。颱風天別到海邊觀浪以免發生危險，祝大家有個愉快的週休假期。

很多操作方式怎麼不靈了？

2011/06/25

最近接到不少朋友的信件，雖然個人的原則是，對於個股我都不會給任何人任何操作上的建議，不過從各位的問題中，我看到共同的迷惘，就是過去常用的選股方法最近並不怎麼靈光，包括我在講座中提到的強勢股選股法選到的股票也不太會跑。問我為何會這樣？難道真的是「見光死」嗎？

我想，這主要的問題是因為現在是空頭格局，大盤走空也就是大部分的股票都是走空或將要走空的時候，而你在此時用多頭的選股方式，當然選到的股票等於是在選「逆勢股」，違逆了大盤的趨勢股票怎能夠大漲呢？

就算會漲也可能時間短、幅度小的漲法吧，說不定就是你看到紅通通追進去，當天就殺尾盤，或者隔天開盤就直接往下跳的大跌！這樣失敗的機會變多了。這不是方法失靈，這是空頭格局的特性，你用錯時機了！

我想有不少朋友最近一定吃到不少這樣的虧，就請把它當作教訓，並且記取教訓以後別再犯就好了。不過，也有聰明的朋友告訴我，他都把強勢股反過來做，因為空頭格局，選強勢股等走弱來空反而有很大的肉可以吃！同樣的選股有的人就會有不同的觀念，反著做也可以賺！不同的觀念提供大家參考。

　　「尊重市場，順勢操作」不是一句口號，而是一件必須嚴肅面對的課題，大俠史艷文布袋戲裡，藏鏡人每次出場都有句經典名句：「順我者生，逆我者亡」。當大盤走多的時候，順勢作多容易賺錢，當大盤在走空的時候，順勢作空容易賺錢。多頭的選股方法不是不能用了，而是大方向不對，大方向錯了，怎樣操作都不順。大方向對了，怎樣操作都會順。

　　還有很多朋友問到個股適不適用的問題？個人認為，技術面的東西應該是所有週期和股票都可以通用的，不過，個股主力色彩較為濃厚，有的時候成交量很小，指標並沒有明顯的訊號，所以會感到不適用。另外個股還是要與大盤的多空同步，效果才會顯現出來。多頭要用多頭的方式，空頭要用空頭的方式。用錯了「頭」，就算再好的方式還是很容易破功。

　　世界上還沒有百分之一百準確的方法，只有勝率高一點的的操作模式，鐵齒和固執，只是和自己的錢過不去而已，而勝率要提高，唯有順著方向做才會提高。方法用錯方向，逆勢操作，勝率自然會降低。這都是很自然的道理。

　　我講過的KD技術現象，是我「發現」而且經過很多年的經驗累積出來的，這個累積經驗的過程，我沒有書籍可以參考，沒有人可以教我，我也沒有人可以問，我碰過很多疑問，一直不得解，此時我會把它記起來，然後在往後的觀察中突然得解，那種愉快是很令人振奮的！

　　心中裝滿了自己的看法與想法，永遠聽不見真理的回音。心中盤據了他人的消息與分析，永遠聽不見市場的聲音。所以，在各位問到KD中的小細節的時候，我都會勉勵你「請你仔細印證看看」，這句話不是在敷衍你，而是認為這個問題，只要經過仔細觀察應該可以得到解答，我就不想剝奪你「發現」解答的那種快感。

　　當然，「工欲善其事，必先利其器」，我也是經過很長的一段時間在那裡數「1、2、3，有鈍化！」的過程，你看過我KD上的小綠點、小黃點，你問我要不要買軟體？我只能說請你自己決定，因為軟體公司和經銷商也沒有給我抽成，或付我廣告費和介紹費！而且一般的軟體費用所費不貲，這開銷對散戶來說也是一筆不小的負擔，就看你是否真的有這樣的需求囉！

又見反彈

2011/06/28

　　最近發表幾篇文章，〈反彈的秘密〉、〈反彈的功用〉、〈反彈之後……〉，連續三篇有關反彈的文章，今天又來一篇〈又見反彈〉，不知道各位看了會不會「倒彈」（台語）！其實這三篇文章就是一個反彈的循環過程，反彈的技術面是如何（J指標只是其中一個）？反彈的目的是什麼？反彈之後該怎麼做？

　　在空頭裡面，因為空頭會走空頭浪，所以反彈是很普遍的現象，知道為何會反彈，知道反彈除非轉浪才會有回升的機會，知道如果沒有回升的現象就是反彈找空點，知道空點出現就會再破新低，這一連串的「知道」，看久了你就會「相信」，相信了你才敢「做」，也才知道該怎麼做。

　　空頭趨勢中有很多反彈波，這種感覺就好像搭電梯，我們很想從頂樓直接下到一樓甚至是地下室的停車場，但是很可惜的，不知道哪個小鬼手癢玩電梯，把每個樓層都按了燈，於是每層樓都得停車，然後開門又關門一次。

　　股價的漲跌是有一定的方式的，上漲爬樓梯，下跌也是按照順序下樓梯，所以電梯一層一層的打開，不也是給我們一個期待嗎？期待看到樓梯打開的時候，門前站著美眉或者帥哥還是可愛的鄰家小女孩。或者是你要的樓層總算到了！

電梯停車的時候，總會有人上上下下，這現象就如股市的「換手」，下跌的反彈讓想補空的補空，想搶多的進去搶多，等反彈要賣的有較好的價位，等待反彈才要空的，也有空的時機⋯⋯，目的不一，但是總會有進進出出，有人想買，有人想賣，也各取所需，交易就此生生不息。

還是想要提醒大家，明牌天天有，不聽自然無；消息天天有，不聽還是有。大盤方向和格局是資金控管的參考，你買賣的商品才是你要關注的重點，商品出現買點你就買，出現賣點你就賣，和大盤不一定要有牽扯，專注商品上的買賣點就行了。

就技術面而言，雙均線現在還是空方格局，就KD指標來說，月KD往下、週KD往下、長線和中線都是走空，就算今天日KD出現金叉，頂多就是日線的反彈，但是此金叉是否為真？以KD鈍化的功能來看，60分的KD給的分數很低，恐怕不是很妙喔！不管如何，沒有突破前高轉浪之前還是以反彈視之就好了，除非你是短線的當沖，否則想作多也得等轉浪出現後再說吧。

空頭反彈系列的文章共四篇，差不多技術面和心理面該怎麼看待反彈，就在這四篇的循環當中了，除非有較大的變化，技術上大概也沒什麼好說了。空頭市場的反彈，跟多頭市場的修正，真的是考驗人心的時候，唯有把持原則，遵守自己所訂立的原則來做，才有較大的勝率。各位要怎麼做，一定要自己拿捏好，因為每個人的操作邏輯、格局、長短、資金大小、心態各不相同，所以羅威一向不提供也不回答你該如何買賣的建議，這點請大家見諒！

反彈問題補充二三點

2011/06/29

　　每次碰到大級數的轉彎，總是比較會出現亂流，其實今年一整年的行情，也不過做了一個週線的A和B，以及C的一半而已，而這樣的整理居然耗費了四個多月，級數不一樣就要更忍耐囉。

　　股價上漲一段後，一般要回檔三分之一；股價下跌一段後，一般要反彈個一半。今天大盤漲了94點，但是台指期漲了161點，一個不小心空單有可能彈回去不少。不管是不是因為摩台指結算的關係，畢竟它是真的大反彈了！晚上看到有網友這樣問：「空頭反彈，真的是不好找空點，因為很難去預測會彈多高。」

　　在股市空方線型根本問題沒有解決之前，市場只有反彈，而不會有反轉。你問我會彈多高？其實羅威並沒有那樣厲害可以知

道會彈多高。如果知道，我也不用在這裡寫稿了，不是嗎？不過有幾個現象可以提出來和大家參考：

1. 反彈一般不會過前高，也就是不會過8679。

2. 如果會過前高，就是轉浪出現。

3. 這次是跌破週線前低的反彈，所以反彈的時間要以週線為單位，也就是時間會比較久（週線1根＝日K5根）。變化也會比較複雜，要小心應付。

　　不是每一波行情都可以很清楚的，所以當你看得懂的時候就要好好把握。當看不懂的時候，就不要硬拼，休息吧！看法還是一樣，不見轉浪依然看空，轉浪後不破低再來找買點就好了。

　　請牢記，股市是修心養性的好地方，凡事都是「等」來的。只要有反省和檢討的意願，有些人會越來越進退有節，但也有些人會越來越篤（賭）性堅強，帶著蕭凜之氣進進出出。建議各位一定要等，等到那個看得懂，吃得到的訊號出現了，再出手，其他時間觀望就好了。如果你找不到好的空點，何妨等待？

勝兵先勝，而後求戰

　　《孫子兵法・形篇》有言：「是故勝兵先勝而後求戰，敗兵先戰而後求勝」。翻成白話就是：「所以說，能打勝仗的軍隊，總是先備妥必勝的條件才敢出戰；打敗仗的軍隊，則是未做好準備就先開戰，心存僥倖，祈求能有戰勝的機會。」

　　這段話用在股市，就是「不要打沒有把握的仗」，最好在一切條件都已經能夠充分掌握以後，再來進行買賣行動。也就是我常常說的，「懂多少作多少，看不懂不要做」的道理。看懂了才做，這是勝兵；看不懂還硬要做，就是敗兵。

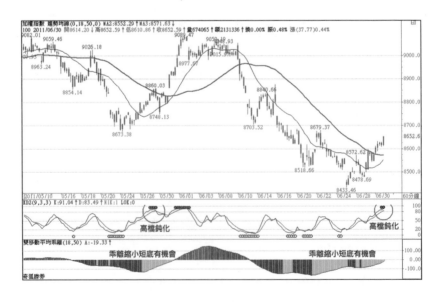

在今天之前的盤,個人的看法是反彈,所以只做有買點先回補空單的動作。但是今天後半場開始,60分KD高檔鈍化了,加上60分雙均線乖離逐漸縮小將要產生金叉。這樣一來日KD的金叉就獲得下一級數的背書,這樣的盤就帶有回升的味道了,因此做法上不只是該補的空單要補,也可以進場買進一些基本持股了。

接著我們看看成交量,1014億略小於昨天的1067億,以《轉折生命力》所講的多頭啟動來說,昨天1067億,是多頭啟動的第一條件,而今天量縮價漲並沒有滿足第二條件,量沒有表態,所以這一波還是只看反彈還不至於會有回升。

問題是這是跌破週線低點後的反彈,所以週線的前高9089是週線反彈的轉浪點,在還沒過這點之前週線不會轉浪,仍然會有破低的可能。不過,週線的反彈幅度和時間往往會在日K上看起來

像是回升。我們可以密切注意扣抵價和扣抵區間，看看會不會有機會讓扣抵扣到低檔產生均線上揚的助力。

　　對技術指標最好的應用方式不是看指標本身，而是看指標背後所揭示的市場事實。我們可以就今天看得到的兩個現象來作規劃：

1. 週線反彈。

2. 60分KD高檔鈍化，日KD金叉為真，K值將有回到80的機會，有機會產生轉浪壓回後，會有另外一個高點。

3. 5/26到6/2的小時K線圖可能重新複製一次，創高→壓回→再創高再鈍化，因此短線若有回檔應該是好買點。

　　以上三點是目前的規劃，先有規劃再有動作。短線搶幾天的多單應該可行，但是在18MA和50MA長空的壓制下，搶短只能持短，不擅長短線操作的朋友，目前還沒有大開大闔的格局，就不用勉強要進場，保持觀望等待就好了。

　　做技術分析最重要的是要隨機應變。分析工具可以幫助我們把握股價變動的脈搏，但最終還是要跳出分析工具的條條框框，去尋找一種行雲流水般的自然和流暢。無招勝有招，無招並非真的沒有招術，它是指忘掉固定的招術，將自我融入其中，合二為一，這才是最高境界。

　　股市求財，不是要求百分之百，也不是為了打敗大盤，只要求每一波都有些進帳，這樣就很好了。

結語

　　閱讀到這裡，不知道經歷過這段走勢的你，有沒有浮現當時的印象呢？當時你對盤勢的看法是如何？當時你的操作是多頭還是空頭？有沒有值得高興和值得檢討的地方呢？

　　過去我曾說我懂得的只有十七八，不懂的還有七八十。經過這幾年股市的分析和操作技術的發展，我覺得我懂得的可能只有那十七八中的十七八而已。如同序文所言，這本書裡面沒有華麗的技巧，只有樸實的基本功。在同樣的時間裡面如果你的操作很棒，相信你可以從中發現到我操作上的缺點，如果這段時間你的操作不好，或許你可以從中找到可以借鏡的地方。

　　前事不忘，後事之師，這些歷史發生過的事情，我盡量用輕鬆的語調介紹可行的方法，希望讀者諸君以看故事的心情反覆咀嚼，將來若有相同的盤勢出現時，何妨拿來對照一番，說不定從中可以發現雷同的地方，那可能就是你致勝的祕密武器了。

平凡的指標
不平凡的用法
這一次我們用ＫＤ
寫下不平凡的故事

第三章
知識的價值

操作上該如何拿捏高勝率的下一波？

　　很多人終其一生都在研究技術分析，卻不知道你將來能不能賺錢這件事，其實和技術分析沒什麼關係，甚至可以說根本就不相干。因為股市操作必須先有正確的賺錢觀念跟交易策略之後，再去求取適合於你操作策略的技術方法來用，這樣技術分析對你來說就是如虎添翼，讓你賺得缽滿盆溢，否則，光只會技術分析說不定只會是妨礙你的操作，以及可能加快你破產的速度，然後說技術分析一點用處也沒有而已。

　　就KD鈍化的操作的方法來說，雖然我們有方法可以知道下面一波的可能變化，但是重點是，我們必須在這樣的變化當中，抓到最好操作的一段來做，個人認為KD最好操作也最穩定的勝率是——第一次高檔鈍化後回檔，接下來要再創新高這一段。只要確認是多頭格局，任何週期出現這一段勝率都很高而且幅度也都是很可口的。贏家靠的是高勝率的交易策略，讓自己先不賠錢立於不敗之地後再談賺錢。

　　小時線從6/30尾盤出現高檔鈍化之後，到現在還在高檔鈍化之中，因為它有過前高所以現在只是第一波（鈍化的第一功能），而且因為K值還沒有跌破80，鈍化還沒有結束，所以第一波的高點還沒找到！

　　等到KD結束鈍化，高點出現後，我們再來觀察是否「回檔不破低」，然後才能決定會不會有「再漲過高」的一波（鈍化第二功能）。如果回檔不破低確定了，那麼再漲會過高這一波，就是我們可以操作的一波了！雖然小時K線級數小，幅度不大，但是我想如果能夠先建立這樣的觀念，將來碰到大的級數，你就可以輕鬆應付了。

　　回檔要不要迴避？如果是週線以上的回檔當然要迴避，不

過，因為目前只反應在60分的級數，如上面的圖檔左邊同樣的鈍化區，各位可以發現回檔的時間和空間其實很小也很短，所以除非你是期指的短線客，如果是股票，說不定只是盤中小回檔而已，股票在日線上不出現賣點，就不用緊張，直接抱著就不用有動作了。

這種短線影響長線的方式，可以適用在任何格局。

任何級數都有KD高檔鈍化回檔不破前低，然後過高。任何股票任何週期都只找最穩當的這一波，賺再漲會過高的錢，就個人的操作來說一直是很不錯的策略。

以上就KD鈍化的功能和規劃和大家分享，祝大家操作愉快！

📈 其他KD相關問題解答

本篇發表後，有很多人問到K線根數的問題，收錄於後：

1. 是不是一定是文內的數字5到8根？

羅威的答案是：沒有標準答案，我想各位可以自己去算，這樣答案會比較準，你用起來也安心，也不會怪羅威。

2. 金叉之後是不是一定上80？

當然不是一定，世界上如果存在一定，那我早就富甲四方歸隱山林了。不一定的原因大多數是在於所處的格局是多頭還是空頭，「頭」對不對頭。另外就是我講的是加權，這種大家都參與

的商品比較明顯，很多個股未必會如此。

3. 從哪一根算起？

就從當根算起囉。

4. 鈍化回檔要幾根K？

答案還是一樣，沒有標準答案，請你自己計算統計看看。如果你找到答案，可能靠這招就可以操作得很漂亮了！

5. 有的回檔後沒有創新高啊？怎麼辦？

6. 有的鈍化後一直沒有回檔啊？怎麼辦？

7. ……

看到這麼多問題，真的很驚訝於大家的求知慾這樣的旺盛，我想，這篇文章只講一個觀念，一個成功率比較高的技術觀念，世界上並沒有100%成功的股市操作技術，所以請各位一定要屏棄「一定……」這種心理和想法。

這一大堆的問題，請恕羅威沒有標準答案給各位。一方面是標準答案死得快，一方面是，這篇文章只是發表個人在K線圖上發現KD鈍化的規律，並且統計比較高出現率之後的一些規則，絕對不是聖杯，有些答案還是要各位自己去尋求。

就如同我們寫論文，題目要自己想，研究要自己做，答案要

自己找一樣，這種報告是不是很無趣？是的，所以研究生是很笨的，自己發現問題然後定題目，又要自己找答案，還要請教授指導。雖然99%的研究都是無趣且無味的，可是你不知道如果鑽研之後有了一丁點成果，那種快樂是很難形容的。

有了方法之後心情會比較輕鬆，但是即便如此，我們也只能賺方法內的錢，方法外的錢自然就無法賺了。個人的看法，方法應該是一種藝術的表現而不是硬梆梆的數字，以藝術的眼光看待，會比較輕鬆。如同獵人設下的陷阱，只能等待獵物自己跑進來，何時？何種動物？是大是小？幾隻？會不會一定有獵物進來呢？……等等，那麼，你要以何種心情看待？

最近有不少朋友寫信給我，說是朋友或親戚推薦他買《波動生命力》和另外兩本平裝書，受益良多，很感謝各位用力的推薦羅威的書籍給你的親戚朋友，現在羅威感謝你，我相信將來你的朋友操作有所領悟和改善之後，也一定會感謝你。

本篇是為了感謝大家推薦羅威的書籍而寫，其他的KD論述將會收錄在2013年春節前出版的《頭部生命力》精裝本之中。本篇你能領悟多少就領悟多少，有的人已經可以「通」，有的人還沒「懂」，差別在你過去的技術知識多寡，目前無法領悟的，相信等你的技術能力累積夠了，自然能懂。

知識的價值

2011/07/04

有一個工程師在一家公司工作30年,退休了,他對該公司的機器及產品瞭如指掌。幾年後,該公司的一套機器故障,全公司的人都沒法找出問題來。絕望中,他們只好求教這位退休的工程師。

這位工程師接受挑戰,看了一個小時之後,從上衣口袋拿出一枝粉筆,用粉筆在一零件上畫了一個大叉叉,說這就是你們的問題。公司把那部分的零件換了,機器操作恢復正常。

不久之後公司收到一張十萬元的帳單,是這位退休工程師的收費。公司老闆火大了,認為一個小時不值這麼多錢,就要求送一張明細表。

這位退休工程師的回函是:粉筆:$1;知道在哪裡用粉筆畫叉叉:$99, 999。

這是一篇流傳很廣的網路故事,故事本身就是在說明標題「知識的價值」,工作上不管哪一個部門,很多問題解決的方法都有它的竅門,不懂門道就會到處撞牆,懂得訣竅自然可以輕鬆愉快。

這個市場裡到處都有人在談明牌、賣明牌,有些人到處尋求明牌,希望能夠不費力的富貴發財,孰不知其實只要你懂得一

些股市的規則，明牌已經掌握在自己手裡。只要不斷求知不斷驗證，把學到的知識化為自己可以運用的技巧，謹守紀律依法操作，雖不一定能大富大貴，至少也能保身，先求保住資金再求獲利，操作不就是這樣嗎？

股市理論只是一種機率，無論如何都要戰戰兢兢，找到自己的賺錢模式非常重要，最簡單的方式就是設立好規則，然後看訊號操作，就以KD來說，KD確認真的金叉買進，過了前高轉浪後找機會賣出，簡單的方式如果這樣做，行情雖短，還是有人高出低進做得不亦樂乎啊！

各位每天這樣辛苦的來聚財網看文章，我想不應該是為了明牌和漲跌會到哪裡而來，最重要的是想要學到一點操作技巧。當你參考別人的方法後，要努力思考並且找出自己的賺錢模式，決定操作法則和進出的SOP之後，就埋著頭猛幹猛賺！

附上gn7263網友的讚詞，和大家分享：

兩條均線看趨勢，18日量價定多空。
KD鈍化尋強弱，耐心等候進轉折。
資金控管為首要，定法依法成奧妙。
弱水三千取一瓢，人生知足樂逍遙。

股市裡面，你不一定要成為故事中的那位資深工程師，你只要在工作崗位上成為稱職熟練的作業員，身邊機器如果有問題可

以排除，那就行了。當然對於有志於將來成為股市操作贏家的朋
友，除了多學多看之外，更要用心觀察不斷地印證大小週期發出
的不同聲音。只要看到一個機會就小量試單，對不對市場會告訴
你，然後你要把市場給你的經驗和教訓記起來，那些都是你成功
的墊腳石。

　　技術面來看季線剛跌，以均線的慣性來說，跌破季線要跌一
季，這樣看來，要見底不是短時間內可以辦到的。

　　短線，過前高之後會有回檔的機率很高，尤其是在逼近50MA
反壓的地方，個人認為會有一定的壓力，不過KD還沒有到位，60
分KD也似乎還差一個高檔鈍化或者高檔背離，我們就再等等看
吧！

即將明朗

《幽靈的禮物》書中一段：「最擅於輸的人最終會贏。」這裡講的擅於輸，是指擅長於處理虧損。大部分的散戶陣亡原因，就是沒將虧損控制住，而在少數幾次的失敗交易畢業。最常見的，就是多頭時賺不少錢，但空頭一來就賠掉了。

交易的虧損不只在金錢面，還有心理面。處理虧損有多難呢？要怎樣才算擅長處理虧損呢？我想，除非遇到無法抗力的因素，如突發的大利多或者大利空讓股價出現無法交易的情況，否則必須把虧損控制在預定範圍內。虧損不影響心情，虧損不影響信心，仍能按照操作SOP下單，這也是能夠在市場中長期生存的要訣。

科斯托藍尼說：「只有退潮時，才知道誰在裸泳！」實在是一句名言。一般人的心態是賺錢就喜孜孜宣揚，賠錢就低調，甚至連自己都不敢去看賠錢的紀錄，更遑論檢討。處理虧損很難，但更難的是，領悟如何處理虧損和如何退場，比找進場點和如何選股還重要。

(本圖為當日盤中取圖)

　　盤勢，KD高檔鈍化回檔後會再創新高，又一次的在60分KD的功能印證。日K已經到80以上，目標已經到達，今天收在80上方應無問題，現在就看會不會連續站穩80以上三天出現KD高檔鈍化囉！會鈍化就會怎樣？不鈍化就會怎樣？60分層級的變化又會如何？關鍵又在哪裡？這些都在《波動生命力》一書上有解答，看過本書的朋友心裡有底就好，還不知道的朋友就請把這一個地方當作實戰取得經驗的地方，認真的經驗過一次比你問我十次還要印象深刻。

　　今天KD剛上80，如果明天、後天都還在80上方，恭喜！日KD高檔鈍化出現，方向就會有所改變了。這是比較樂觀的看法，如果會有變盤，日子不會在今天，應該在明天或者後天。

代操三百億 花完了沒？

2011/07/07

等待和觀望雖然是一種操作，但是卻是一種最難的操作，因為人是一種最怕等待的動物。出門怕等不到公車，上班怕等不到老闆的賞識，吃飯怕等不到餐廳的好位置，下班後怕等不到心愛的人……。

就像操盤一樣，並不是隨時都有好的出手時機、最好的買點和賣點，以及最佳出場時機，這些都需要等待。要等最佳進場買點、要等波段的滿足轉折、要等最佳的賣點，這些事在盤中上下波動震盪時，都在挑戰每個人的耐性。

今天的盤其實沒什麼好看的，因為高檔的壓力實在太大，想要一次就衝關似乎不太容易。想起前幾天買的《今周刊》758期，第42頁新聞現場有篇報導，標題是「代操三百億救市」，內容寫道：上週，勞退基金三百億元委外代操評選結果出爐，共計有國泰、富邦、寶來、元大、復華及匯豐等六大投信得標，每家獲得五十億元代操基金……。

特別把它找出來看了又看，推估一下日期，這筆代操金額撥款的日期應該在六月底，也就是大概8433低點那個位置。上一回的國安護盤大家都還印象深刻，就是在五月下旬，從8673漲到9089漲幅達四百點那一段反彈。那麼，這波從低點到高點也漲

了四百點，我在想，這三百億大概也花完了吧！那如果資金花完了，接下來呢？

今天是日KD在80上方的第二天，依照昨日的規劃，主要的變化在今天和明天，如果能在80上方連續三天，那麼就恭喜大家，KD高檔鈍化成功，方向將會有所修正。但是如果80以上連續兩天之後，明天卻掉到80下方，那麼又是一個「該強不強會轉弱」的盤，這是樂觀之餘我們要小心的。

今天的60分KD就出現這樣的情況，60分KD昨天尾盤已經連續兩根站在80上方，但是今天早盤第一盤卻無法接續昨日的強勢，第一盤的收盤跌落80下方，造成該強不強的現象。這樣的現象是提醒我們「注意」的訊號，因為股價還沒有破60分K最近低點，所

以並不是賣點和空點，這道理就是因為指標是從價上面計算出來的，**我們還是等待價跌破了出現轉浪了，再來做動作會比較好。**

不過短線的60分的KD指標出現該強未強的訊號，我們就要提高警覺囉。這個盤，我們用模擬K線測試出，明日大盤能否高檔鈍化的關鍵點在8725，收在這點以下，則日線將不會形成第一次高檔鈍化，若明日大盤收在8725以上，則會形成第一次高檔鈍化，以上請參考。

B 和 1 差別在哪裡？

2011/07/08

樹有多高影子就有多長，一個人有多大的格局，就有可能有多大的成就，格局的培養不是天生注定的，而是要靠後天的學習加上環境不斷的試練，並且要認清自己心性的盲點，才能一點一滴累積而來。每個人的感受和經驗也都不同，所以當你在問自己何時可以賺到大錢前，可要先問自己，你準備好了沒有？你有多少等待的功夫？

關鍵的時刻，大盤總是會來個上下大掃蕩，不把投資人的心弄得七上八下不會甘願。昨晚美股漲了93點，台股卻只以平高盤開出，然後稍事整理後往上急拉到8839，接著整理了一個多小

時。這段期間有幾點敗象各位可以參考看看：

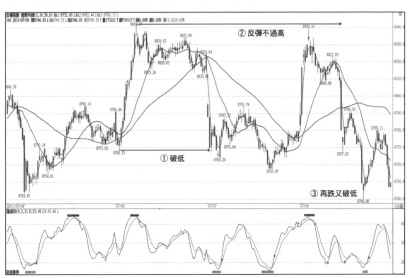

1. 前高在8842，為何只拉到8839？不過前高的用意何在？不過
   高告訴我們什麼訊息？

2. 60分的KD開始出現金叉，但是此時下一個級數的15分KD卻不
   高檔鈍化，那麼這個金叉就不是真的囉？

   所以後面的殺盤就明朗化，一點也不奇怪了。

   今天這個文章標題下得很怪，不過這是一個很重要的轉折觀
念，什麼是B呢？B就是反彈波，這是借用波浪理論的定位方式，
破低轉空頭浪之後，反彈不會過前高，以及所有在空頭浪中的反
彈波都是B波反彈。我們的口訣是──反彈不過高，再跌會破低，
所以我們在空頭浪中反彈找空點，都是要找B波的高點來作空單，

這應該很容易懂。

　　那麼1呢？就是第1波囉！在波浪裡面第1波最難定位，一旦第1波定位OK了，後面就好做了。1是空頭浪中反彈突破前面一個高點、產生轉多頭浪的行為，因為過前高轉多頭浪後，第1波出現就是空頭浪結束、多頭浪開始的宣告，方向轉變了，看法和做法都要改變。

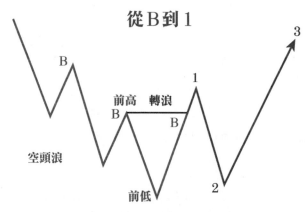

從B到1

空頭浪未轉浪前，都可看做是反彈的B波，
但是經過轉浪後，就成為回升的第1波，
第1波確定後，才會有回檔不破低再漲過高的波動。

　　那麼B和1有什麼關係呢？各位可以自己想像一下，反彈不過前高是B波，但是如果過了前高，是不是就不是B波而是1波了？那麼簡單的說，1波就是從B波變來的囉？請看看上圖思考一下。

　　這種B變成1的方式有很多種，波浪理論、葛蘭碧法則、空頭浪轉浪、……等等都是，羅威對於KD第一次高檔鈍化，如果有過

前高就給予定位為第1波的指標用法也是。不管你怎樣，你總要想辦法定位出多頭的第1波，因為這是轉折是否成功的地方，沒有第1波後面就沒法生生不息的生出更多更高的波了。

到昨天為止，我們都在討論會不會高檔鈍化，那麼討論這個幹什麼？用意何在？其實，關鍵就在：

如果KD高檔不鈍化，就是B波，甚至是B波高點。

如果KD高檔鈍化且能過高，就是第1波。

如果KD高檔鈍化但不能過高，就是反彈的abc的a波。

這是關於定位的問題，定位好了之後就可以引申操作該怎麼做的問題。

如果是第1波，那麼1會不會繼續延伸？如果會，那麼追高似乎就是必然囉。如果是第1波，那麼回檔後還會再創新高，我可以等待回檔或回檔後，再找好的點位切入加碼也是可行的。

如果這是B波，那麼當然不客氣找到反彈無力點就先空再說囉。

如果你懂得KD鈍化的第一個功能，你就知道操作和選股其實就是「專找第三波來做就好了」，當然，你還可以有其他的操作思考方式，這些方式散存於羅威相關的書籍和實戰篇中，你可以自己把它們整理成一張紙條貼在電腦上面，「傳咧旦」（「先準備好」的台語），只要是B或是1確定了就可以開始動作了。至於

股票還是一樣，只用少量資金做買賣，多空皆可。

　　到底是B還是1？到底哪邊的勝算高呢？可惜盤不是我做的，要不然我就斬釘截鐵的告訴你。即將開獎，西瓜偎大邊（台語）準備靠邊站囉。

週日塗鴉篇

2011/07/10

　　上篇文章〈B和1差別在哪裡？〉引起了不少網友的回文，也有不少朋友寫信來和我討論。我想借這個機會把它說明一下。

　　B和1這種技術分析語彙是來自於「波浪理論」。波浪型態有1、2、3、4、5、A、B、C這基本五波八浪的原型。（請看《活出股市生命力》全彩增訂版209頁和225、226頁「艾略特波浪基本型態」圖形，或《型態生命力》技術篇，裡面也有個人對於波浪的一些看法，有興趣的可以看一看。）

　　眾所周知的，五波八浪中，其中1、3、5是向上的趨勢波，A、C波是向下的修正波，2、4兩波是回檔波，B是反彈波。個人認為「波浪理論」的這些波動的術語，讓大家對於股市漲跌的方向描述有一個明顯的方向定位，是波浪理論的一大功勞，但是除了這一個定波位的知識之外，個人對於波浪理論的其他論述，就顯

得相當貧乏了。

　　B波本來是空頭浪中的反彈波，空頭浪反彈不過高，再跌會破低。所以B波反彈也一樣不過前波高，接下來再下跌應該會破低。這樣的走勢是空頭浪中常見的，也就是空頭浪的慣性。但是股價不會一直走空的，總會有翻多的時候，統計歷史上這種翻轉的圖大概有兩種比較常見。（請參閱《活出股市生命力》全彩增訂版241頁多頭浪如何轉成空頭浪？和251頁空頭浪如何轉變成多頭浪？）

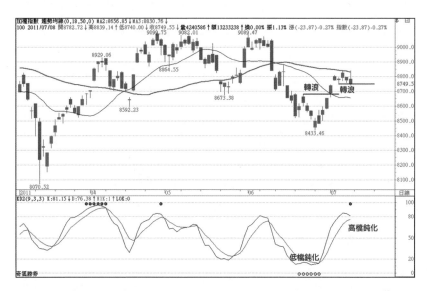

　　這一波在7/1突破6/22前波高點8679，空頭浪轉為多頭浪，而在7/8加權指數跌破7/5低點8743，又變成轉為向下的空頭浪。很高興這樣細微的變化都逃不過大家的眼睛，我想，K線中轉浪是很重要的概念，如果轉浪都還沒有搞清楚，就加入其他工具，那只會讓自己更迷糊亂了套而已。

轉浪沒有問題之後，我們再加入KD高檔鈍化來討論。目前的日線，KD已經出現鈍化，KD高檔鈍化的一、二、三個功能（見《波動生命力》）應該都會陸續被帶動出來。

　　KD高檔鈍化加上股價過高轉浪第一波已經定位了，但是定位第1波之後也不是股價就此開始大漲，**別忘了第1波之後有第2波的回檔**。雖然用KD鈍化來定位第1波的方式，會比用轉浪的方式來得可靠，但是這種定位還得要「回檔不破低」來確認才行。所以，第一波是否成功在於回檔不破低，如果不破低才會有再漲創新高的結果。這回KD低檔鈍化就是因為反彈過高而暫時要結束再創新低的想法。

　　下圖是過去的歷史紀錄，提供大家參考：

　　這種鈍化轉來轉去的圖形在2009年也發生過，低檔鈍化的

結束可以由過高轉浪來結束，也可以由高檔鈍化次數的滿足來結束。相同的高檔鈍化之後也會因為破低轉浪或低檔鈍化來結束，這樣的情況在整理波裡面常常看到，尤其是短線的分時K線更是司空見慣的事。當年羅威在這張圖裡面有個地方觀念沒有轉過來，因為想法打結，規劃就亂掉了，結果整個半年的操作顯得零零落落的，也受了點傷。

操作的重點是做對而不是看對，此回歷史重演，我希望能夠走上對的道路。

從上圖來看小低8743雖破，個人視為這是剛剛出現的鈍化已經結束的訊號，隨時會有回檔。既然會有回檔，當然資金要控制在適當的比例，前低仍然在8433，這一點沒跌破之前，多頭都還有機會。

　　至於各位關心的週KD還沒有金叉的問題。個人看法，週KD如果能夠恰巧和日KD配合當然最好，但是週KD提早一兩週或者晚個一兩週，都是很常見的，如果你要等到出現金叉再來確認也是可以的。很多事情本身我們無法控制，只好控制自己。

　　去年底，我就以月線和週線的規劃認為這是大級數、大型態的變化，今年以來已經過了半年多，股價也只不過走了一個週線的A波和B波，C波只走了一半，到底要破底成C波？或者是不破底成為W底？都還沒有定案，但是可以預見的是，未來還有一大段時間仍然在做大級數的調整，而我們所能做的只有日線和60分K這種小級數的小趨勢而已，環境如此，格局如此，你又能奈它何呢？

順勢乎？逆勢乎？

2011/07/12

下了單，然後開始賺錢了，這叫做順勢。

下了單，然後開始虧錢了，這叫做逆勢。

　　賺錢、虧錢，順勢、逆勢，在股市裡面是常有的事。

　　問題在於順勢的時候怎麼處理？順勢的時候，加碼、續抱，這是常有的策略。

逆勢的時候怎麼處理你手上的部位？減碼、停損，是常見的手法。

只有少數常在一起喝咖啡的朋友知道我手中一些葡萄（PUT），我很高興的告訴這幾位朋友，我的葡萄已經成熟了，也賣了！

葡萄正在大漲怎麼不加碼怎麼不續抱呢？這算是順勢賣出吧！我覺得熟了、夠甜了，就應該採收，別放到過甘爛掉。

看了一下目前8491點下跌174點，葡萄（PUT）又漲價了！不過我的獲利早就落袋了，滿意就好沒什麼好可惜的。

● 選擇權的買賣口令

記得選擇權剛剛推出的時候，因為是新產品，我沒做過也沒有認真研究，也不懂什麼可樂葡萄的，後來經過奇摩家族裡的網友講解才知道，葡萄就是PUT，可樂就是CALL的譯音。當時對於什麼是CALL、什麼是PUT也不甚解，後來有網友又告訴我兩句英文就都懂了：CALL UP是往上，所以看漲就買CALL；PUT DOWN是往下，所以看跌就買PUT。

相同的，賣CALL也是看跌的賣方作法，而賣PUT則是看漲的賣方作法囉。

簡單的東西，當時我為何要搞很久才通呢？現在想起來也是

很奇怪的事情！其實這就是看起來很難，但是等你會了以後就很簡單。KD鈍化的操作方式也是一樣，因為是多層次的重疊觀念，很多沒有接觸過的人會看得眼花撩亂，但是看過《波動生命力》和《頭部生命力》的講解後，就容易懂了，加油吧！

關於「選擇權買方風險有限，獲利無限」這句話我想解釋一下，買方風險有限是因為選擇權會「歸零」，所以最大的虧損是你所買進的資金全部。而賣方萬一發生風險有可能必須追繳保證金，甚至斷頭之後還要拿錢來放人！

但所謂的「風險有限」卻並非真的有限，我覺得應該以「可以控制最大風險」來形容會比較好，畢竟會讓所有投入資金歸零的商品，風險還是蠻高的。選擇權的買賣雙方都可能因為行情急漲急跌而歸零（買方）或斷頭（賣方），差別是買方不用追繳，但是賣方必須全數追繳而已。

另外，選擇權因為有時間價值的問題，買方的價值會隨著時間價值而消失，因此買方的勝率不到三成，想要那個獲利無限的行情，還要有點運氣才行。所以在低勝率的買方，風險的控制還是要嚴格，你所投入的資金不應該超過你所有資金的一定比例（比如3%）。除非你想進行一場豪賭，那就另當別論了。

有句話說得很貼切：「股票做不贏的人會想去做期貨，期貨輸了就想去做選擇權，然後在選擇權裡面輸光最後一毛錢！」因為買方有很大的機會可能讓你的資金歸零，方向錯誤，資金就

化為烏有，賣方也有可能碰上無止盡的大風險，所以，對於選擇權，我認為它是風險非常大的商品，我並不建議新手進來玩。

就個人所依據的技術面來說，選擇權一直都是我用來摸頭摸底的單子，買進的部位都很小，純粹是培養盤感、好玩而已。這次的PUT不管是買或者賣，都是逆勢單，也就是在漲的時候慢慢去佈局買8500的PUT，這一波見8842高點碰到50MA當天小單進場摸頭，之後小黑K開始加碼，到週五共連買三天。而今天的回補也是逆勢回補。

選擇權靠的就是這種長黑的速度，我想明天除非跳空跌破8443否則速度應該會減緩。另外就是明天有事一大早要外出，可能沒時間看盤，也是今天落袋的一個因素吧。逆勢很難賺，有賺到就很高興了。

操作，沒法做最高又做最低，沒法做得很滿、賺到很飽，就算打球也不是每次接球都要得到美技獎，總是盡量讓自己平實平凡的去做每一件事。這一回的經驗，對錯明日以後才知道，但是空手好像也得不到獎懲。只知道明天以後將會有很多檢討要做，也還會有更多的驚奇去面對。

落袋後，一個段落結束，調整好心情，面對下一個段落吧。

兩張圖，自己比對看看囉

2011/07/13

　　有讀者這麼說：「自己先依照對書中理論的了解，然後用羅威大的原理原則，試著解釋盤勢看看。發現以為懂了書的道理，真正考題一出，竟都是交白卷！可是再看羅威大的解盤，才知道，功夫不是3年5年的。真難！局外人看似平凡無奇的一拳，當自己入了局，才知道人家的一拳攻守俱備，蘊含了不知多久歲月的辛苦焠鍊。」

　　其實，功夫沒有那麼難，只是你還沒有熟練而已。以大盤為師，大盤是最嚴格的導師，每天都教我們很多事，每天我都會仔細聆聽它想要告訴我們的訊息。只是我們無法學會每件事情，所以只能夠就所知所懂的去加以規劃和印證，當看懂了，會做的時候就買進持有，萬一錯的時候就趕快——酸（溜）囉！

　　永遠要感謝我們的大導師：大盤。貼兩張有點雷同的圖給大家比對看看囉！

今天的K線圖：

明天以後會不會破低呢？有句詩句是這樣的：「日出東海落西山，愁也一天，喜也一天；遇事不鑽牛角尖，人也舒坦，心也舒坦。」明天以後的事，就明天以後再說吧。

如果不破低，類似的K線圖（兩個低點只差16點）：

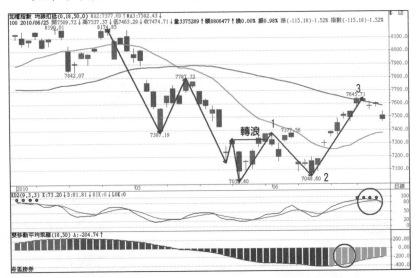

空頭浪每個低點的反彈都造成獨腳（跛腳），真正的腳是在突破高點之後產生的，但是一般大盤底部總會有兩隻腳，這兩隻腳是怎麼來的呢？有幾個思考重點：

1、2、3怎麼出來的？什麼是兩隻腳？

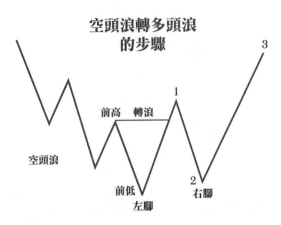

這圖的口訣就是過最後高點轉浪成1,接著2回檔不破低,再漲創新高3,底部終於成立。有興趣的請上網搜尋「艾略特第2波」,會有上萬篇文章讓你挑,就請各位好好地練功吧!

這種summary簡單扼要的圖形和文章,如果你能夠充分了解,對你的概念建立和將來操作上一定有很大的幫助的。

小蝦米的奮鬥

2011/07/14

對大鯨魚來講,小蝦米真的好渺小,渺小到幾乎感覺不到它的存在。可是你知道嗎?小蝦米常常是炒菜的配料,餐桌上的某些菜色如果沒有小蝦米,味道就是出不來,就不算是佳餚。

羅威的經濟知識有限,我無法透視歐洲經濟惡劣的程度是怎樣?會不會有什麼危機?也無法想出該如何解決這些問題的方案。但是看著K線圖上面的資訊,我們可以感受到最近的盤是一個有生命起伏的律動。

我看到的是加權指數這隻小蝦米的奮鬥史,在月KD往下的情況下,努力的想要走出一條路,這一路走來,小蝦米的奮鬥就有如鮭魚返鄉一樣,和過去每一次低點的歷史鏡頭都是一個樣,十分精彩的重播,我每次看到這情況都會滿心悸動,為小蝦米喝采。

　　從6/29真金叉開始，然後過高轉浪，也讓KD高檔鈍化完成第1波的走勢。然後做第2波的回檔，到昨天為止最低來到8452，離前波低點8433只剩下19點，收十字線，出現了一點點止跌訊息。個人在想，只要今天能夠上漲，那麼就有可能完成回檔不破低的動作，那就太棒了！

　　面對這樣的狀況，羅威也在今早投下肯定票，但是附註一個條件：萬一破前低就什麼都不是了。因為要完成回檔後再創新高的唯一條件就是「回檔不破前低」，前低一旦跌破，就又出現空頭的轉浪，多頭的希望就破滅了，想要翻多又得重新來過。

　　很可惜的，今天盤中小蝦米奮鬥了老半天，卻在中午吃飯時間給摜破了8433低點，雖然立刻做反彈而且差點收盤上漲，但是

已經為山九仞，功虧一簣了！這真的是很可惜的事情。我們分析和操作秉持的是一些規則，以多空的浪而言，破低轉浪接著就是反彈不過高，再跌會破低。小蝦米的奮鬥這次雖然失敗，希望將來總會有成功之日的。

小蝦米難抗大鯨魚，在月KD往下，週KD無法扭轉為向上的格局之下，雖然對日KD高檔鈍化寄予厚望，但是畢竟要和週、月這樣大的級數來對抗，是有點困難。這應該也可以給我們「長線保護短線」多了一個例子吧。

其實這種低檔鈍化經過轉浪成為高檔鈍化，讓低檔鈍化失敗；以及高檔鈍化後回檔破低，讓高檔鈍化失敗的圖形，在股票和加權的分時K裡面經常看到，這也是為什麼空頭轉為多頭的第一波很難操作的原因。

那麼破低之後該怎麼看待這一個盤呢？

個人的看法是這樣的，儘管它有高檔鈍化過，但是回檔價位破了前低就是回到空頭領域，想要翻多一切都要重來。也就是過去的歷史圖形中的每一個空頭破低會做的動作都有可能重新表演一遍。**破低會反彈→反彈不過高→再跌會破低……；反彈若過高→就看回檔會不會破低……**。波動玩的就是這個東西，過高或破低而已，思考單純、規則不多，就看你玩哪一個週期和怎麼玩囉。

有句話是這樣說的：

幸福不是你房子有多大,而是房裏的笑聲有多甜;

幸福不是你開多豪華的車,而是你開著車平安到家;

看不懂的時候就休息吧,休息或者出去外頭放幾天假,也不是壞事啊!

懂多少作多少,休息中你看懂了哪隻股票的哪個週期在幹什麼,你就去做吧。

好用的口訣不必多

2011/07/15

上月底,門牙右邊有一組假牙開始搖動,會痛!醫師建議我拔掉做植牙。從小我就是有病就要看醫生,並且聽從醫師的建議做適當治療的乖寶寶。我還能說什麼?只好言聽計從的把牙拔掉囉。

拔完牙後,醫師告訴我可以做活動牙組,也可以植牙,看我還算年輕,建議植牙比較好。然後翻開一本厚厚的書跟我解釋,這裡一共要種三顆牙,有一顆還要補骨粉。骨粉可以從你的身上取小骨頭來補那是最好,不過我們大多用動物的也有合成的,補好骨粉後還要用人工皮覆蓋起來……。

　　最後他說了一句很好玩的話：「我們當牙醫的，植牙就是在玩這些啊！先挖洞，把牙齒種上去，然後把洞填好。時間到了牙齒也長好固定了，再把假牙裝上去。」

　　「喔？我們的牙齒是給人這樣玩的喔？」我說。「說的也是啦！要不然咧！」醫師的回答。其實我跟那位醫師已經是多年的朋友了，幾乎無所不談，有的時候講話也愛開玩笑，要不然真的很無聊呢。

　　醫師好像在唸口訣一樣，唸了一大堆，但是經過圖和解釋，我知道我將會面臨什麼樣的手術情況，我也大概可以知道將來躺在手術台上，醫師會怎樣「玩」我的牙齒。昨天談到小蝦米的奮鬥，裡面有兩句口訣如果你會背會唸，應該可以應付不少盤勢的變化。我再把它貼一遍：

破低會反彈→反彈不過高→再跌會破低……；
反彈若過高→就看回檔會不會破低……。

　　波動玩的就是這個東西，過高或破低而已。一切多頭都是從不破低開始，不過高結束，高點之後的黑K是重點；低點之後的紅K是啟動的訊號。思考單純、規則不多，就看你玩哪一個週期和怎麼玩囉。

　　昨天破了8433低點來到8410，這是「破低」，然後破低會怎樣，就是接第一句「會反彈」，然後咧？古往今來的走勢差不多

都在這幾句口訣中運用。當然這是空頭浪的時候的口訣，用這樣
的口訣你會自己找出多頭浪的口訣吧。此次回檔破低和不破低的
差別只在於，破低反彈不過高機會大，不破低再漲過高機會大。

　　因為昨日破低，所以今天的反彈很正常，但是因為昨日破
低，所以今天開始的反彈，應該是不會過8842高點的，這就產
生了我們對後勢的規劃。當然規劃未必一定如此，但是會讓我們
有一個構想，先照著規劃來做，有變化再另外做打算吧。怎麼看
呢？就是從下一級去觀察金叉的真假囉，當然這是技術訊號一級
一級來的週期牽引的問題，其實不會超脫KD鈍化的應用範疇。

　　目前看到15分KD已經轉浪又KD鈍化，60分KD金叉為真，然後
咧？KD的口訣如何運用？過去文章有提過的拿出來用就可以了，
請自己想一想吧！

　　當日K線沒有足夠的線索可用時，參考分時K線的訊號是不錯的方法，雖然是比較短線的看法，但是可以幫助我們找到一個比較好的出手點。昨日（7/14）破低之後，依照破低會反彈的慣性，我們可以看到昨天尾盤15分K已經開始反彈了，今天60分已經過了最後下跌高點，也就是轉浪成功，反應在日K上的行為，就是日K的止跌反彈，也就是加權指數開始日K級數的反彈。

　　但是看到這樣的圖，如果這個時候想要進場作空，恐怕會很不舒服，所以空頭的格言就是「反彈找空點」，還記得嗎？

　　就這樣囉。

越玩越短？

2011/07/18

　　這個週休假日，接到幾封信件談到短線操作的問題，該怎麼回答？我考慮了好久，卻遲遲無法回覆，不是這些問題難以回覆，而是我的回覆一向是簡答，怕一個簡短的回覆之後，會引導發問的朋友往短線的方向思考，這是我所不願意的。因為短線的法門繁多，分分秒秒都是決策點，問題必須總體性的解決，單單一個「點」的回覆很難周全，這樣很容易會害了你。

　　這個問題起於，60分KD金叉可由15分高檔鈍化來背書，那麼

我可不可以從5分K高檔鈍化來做起點？這是我過去和很多朋友聊天的時候碰到的問題。你的思考在哪裡，大概你的動作也會在哪裡，很多人會越做越短，就是因為他想要買更細的點，想要抓住更細微的變化，以致於思考越來越短的原因。

　　如果你會了KD上下級之間的變化關係，你會發現級數的變化很迷人，也很好玩，往往會不知不覺的讓人往裡面鑽進去，卻出不來！季KD、月KD、週KD、日KD、60分、15分、5分、1分……等等，簡單的舉例就有8個級數。KD鈍化是在反應走勢「超強」或「超弱」，任何以KD指標為基礎的判斷，都是從這個地方開始的，特別是在上下級數的應用上，更是重要。

　　順的時候，它們之間可以環環相扣，扣得緊緊的，但是其中一個環節鬆了、散了，就亂了。我也曾經在這裡面迷失過，所以現在大概就是守著日線，扣緊週線和60分線，然後偶爾看看月K和15分K而已。定法依法之後，就只盯著你的方法來看股票和買賣股票，這也就是我說「只能賺規則內的錢」的原因，在我們的狩獵範圍內等待我們的獵物。

　　看不懂就放棄，道理就像我們選股一樣，這檔看不懂那就放棄，不必執著只需換看下一檔就可以了，1300多檔股票，想作多或者要作空找幾檔符合你標準的股票，應該也不會很難吧。**技術上的東西只有機率比較高而已，請你一定要屏除「一定」的想法，接受那個「不一定」的機率吧**。股票操作是在順勢、是在坐轎，當你看不懂的時候何必還要跟它硬做呢？

　　老實說，滾石不生苔，短線不聚財，我自己短線操作的經驗，要把短線練到可以穩定獲利的地步，不光技術行就好了，更要有良好的心態來依法執行才行，這絕對是需要長時間的自我訓練，而不是一招半式就可以的。

　　很多人對於KD的上下如何牽引很有興趣，問我該如何用功？個人認為先從平面練起，也就是從單一個級數，比如說日K線練起，看看是不是有我所說的情況？你可以解答單一日K線上的KD問題，再來才是找上面級數的長線是否有保護的問題，最後才是下個級數短線能否影響長線的問題。

　　這種邏輯性的東西，就算你頭腦再好，邏輯能力再強，我都不建議你一下子看太多層級，因為這樣做我可以保證你會「花去」了（台語），KD鈍化這個指標的上下牽扯關係，要能夠識得透應該會花你一些時間，沒有下足苦工夫是不可能的。不過，等你可以抓到它的常規，然後照著做，那應該是很快樂的事情。

　　還有就是，KD鈍化的邏輯概念，我是有整理五個比較常見的功能，但是有很多不太常見的情況，並沒有標準答案，事實上很多狀況是沒有標準答案的。所以，個人碰到這類有看不懂得問題的時候，簡單的做法就是——放棄這一波！或者找你看得懂的級數去操作。

　　這也許和我的個性有關，我不會汲汲營營的想解答每一個段落，我認為那太累了！我是那種只想從眾多波動抓準我看得懂的

波動就好的人,我不是那種每一波都想做得很對又很好的人,我的操作哲學是——看得懂的才做,看不懂、有疑問就不要做。股市就是這樣子,只能賺規則內的錢,別去賺你不該賺的錢,所以規則外的錢大概都與我無緣吧。

　　週五60分KD的K值最後兩個數值都大於80,所以我們可以這樣想:「只要今天第一根K也能夠在80上面,就會出現60分KD的第一個高檔鈍化,這樣日KD就有金叉的機會,那麼短線行情就出來了。」可惜,今天早上第一小時多空交戰的結果,KD的K值只收在78.54,沒法連續三根的K值都在80上方,沒有高檔鈍化出現,也就是說,週五這根紅K的力道僅僅只是讓60分K反彈一下子而已。

　　那麼在這樣的情況下,60分KD就是鈍化失敗,該強不強了嗎?是的,照道理是這樣的,除非它以後又有能力讓K值在80以上

連續三根，否則免談。在這個時刻，你有興趣可以看看日線以及15分KD的變化，然後記錄起來，再往前比對相同的情況，上下級的反應有沒有不同，比對過之後這就是以後你的經驗值了，自己看一次勝過聽我講10次，經驗的取得是要下苦工的。

想到什麼，就打什麼，打完了沒事就休息了。

級數小了一號

2011/07/18

「小蝦米對大鯨魚」是經常被報紙或電視新聞引用當作標題，用來比喻以小搏大，或小市民力抗大財團的意思，在股市上羅威把大鯨魚比喻為長線，短線就用小蝦米稱之囉。月KD向下、週KD向下、雙線也是空頭排列，整個大盤依然是在空頭的領域中，所以上漲大概都是短線的反彈，我們可以發現這陣子短線的小蝦米其實是很努力的，只要有機會就想要跟長線的空頭鬥一鬥，看看有沒有扭轉向上的機會，雖然每次都無功而返……。

早上發完文，到了收盤又見盤勢起了變化，也看到大家發表的心得和看法，對於上下級數間變化都有了很不錯的認知，真的是後生可畏，很佩服各位在短短時間之內就有這樣深的體悟。

不過，我最小的級數只看到60分K，偶爾會看一下15分K。更

小的級數變化雖然也差不多，但是我不希望把各位引導到比15分
K更小的級數，因為那會讓你們越做越小，越做越短，而且越做越
緊張，那就沒有意義了。

今天的盤60分KD尾盤是出現高檔鈍化了，但是最後一盤馬上
結束鈍化，該如何看待呢？

羅威不做解讀，不過我可以舉個相同的圖例讓各位去比對看
看，也許答案就在其中了。

1. 今天60分KD鈍化，但是沒有讓日KD成為金叉？→請比對，7/8
日線雖然KD高檔鈍化，但是週KD也沒有形成金叉！之後呢？

2. 今天60分KD鈍化，但是15分卻形成背離走勢？→請比對，
7/8日線雖然KD高檔鈍化，但是60分的KD也成為背離走勢，
然後呢？

這兩個圖情況是差不多的，只是小了一號而已，明天以後的走勢會怎樣呢？會複製嗎？電腦上看圖，翻來覆去的看會有點迷糊，不妨把K線圖列印出來看看，或許會比較方便思考吧。

當各位玩KD玩得不亦樂乎的同時，羅威還是要提醒你，這是長線空頭的格局，短線轉浪後都還會破低，可以想見的是這個空頭的力道不可小覷，當然仍有少部分（大約200檔）的股票仍然在雙均線向上的多方結構中，但是真正會漲的股票已經不多，要作多買股票的話，操作還是要小心再小心。股價一旦出現你的賣點，千萬不要捨不得賣，小虧總比套牢好吧。

各取所需

2011/07/19

操作週期、操作工具、操作觀念，都可以因人之喜好而有所不同，也都有他們各自的道理和天空，但是在這個交易的領域，一定要先確定自己的操作週期，有時候，很多因素會讓投資人不知不覺之中越做越短。做短不是不好，但是會讓身心負荷比較大，也需要更好的技術。如果覺得自己並不大適合做太短，心理上就要能把持得住，盡量少在盤中看盤。

　　我看大盤分析方向和技術面，主要是日線和週線的週期，我寫稿會用到60分KD或偶爾用到15分KD，這是為了表達我個人對於盤勢變化的看法和依據，只是說明上的必要，但是個人選股操作並沒有做到這樣細緻，也就是說我個人比較粗枝大葉，除非是鎖股的股票，以及期貨這種高槓桿的商品，否則我很少參考日K以下的級數來做選股和操作。

　　對於一個可能上漲（假設它可以漲20%）的股票來說，我認為買在當天的下影線和買在當天的最高點，其實差別不是很大（因為後面都可以賺），所以短線的高低點我個人並不是很在意，我比較在意的是，如果這是會漲的股票，我上車了沒？如果上車了，那麼買在當天的哪一個點？其實只是姿勢好看不好看而已，對於漲升幅度的影響並不大。像我這樣肥肥的身體、凸凸的肚

皮，做任何運動都是姿勢難看，這並沒有關係，我也不會在意。

羅威在聚財網一直在推廣的一個理念就是——定法，我強調在股市操作中你一定要有自己的方法，而且最好把它寫成文字。有了方法、有了SOP，才能依法也才有法可依，少了定法的動作，沒有方法可以遵循一切免談。最近看大家討論短線的KD變化滿熱絡的，怕大家走入短線的死胡同，所以特別聲明一下，我的方法是可以緊扣到短線的變化，但是事實上在很多情況下，除非是說明的必要，我的方法內的SOP是不看那麼短的，而我股票操作的週期是很固定的。

實戰的精神在於應變，不在預測。因為交易本身就是一場變換很快的遊戲，如果你不是進退有據的話，你可能賺也賺得莫名其妙，虧也虧得莫名其妙。通常我晚上選股，隔天進場，該買的買，該掛的價位掛一掛，工作大概就結束了，這是為何我只看到9點半就差不多休息了；而尾盤下午1點的時間，就是我的收盤價，此時該賣的、想要賣都還有足夠的時間，這是尾盤會再看一下的原因。年紀大了，精神是無法和當年相比了，我常想：廉頗老矣，尚能飯否？

簡單閒聊，祝大家操作順利。

找成功率高的開刀

　　我初中有位同學，現在是一位有名的外科醫師，有次聚會，他告訴我一個故事，他說當他還在醫學院唸書的時候，他的教授是某某（內臟）外科手術的權威，開刀的成功率幾乎是95%！這讓我聽了真是敬佩得不得了，因為就我所看過的報導，那種內臟外科手術相當的難，一般成功率不會超過50%，而這位教授居然可以有接近95%的手術成功率！

　　接著，我那位同學又補充了一句：「因為病人的身體狀況如果不符合他的要求，他不會替他動手術！」這才恍然大悟！原來如此，這位教授是專挑有高成功率的病人來開刀，所以成功率才會如此之高！而那些不符合他要求的病人，只好找其他醫師開刀，所以其他醫師的成功率就很低了。

　　當時我們幾位同學都笑翻了，但是這故事真的好笑嗎？我倒覺得很有醍醐灌頂的效果！

　　試想，如果我們在股市操作中，也都能夠挑符合條件的才進場操作，比如說要作多的只挑大盤多頭格局、個股也多頭格局，等待回檔來做多；要作空就找空頭格局中空頭的個股，等待反彈沒過高的股票來空，那麼我們的成功率不是會大大的提高了嗎？

　　昨日美股大漲200點，開高是當然可以在預期之中，問題是開高後有沒有辦法走高，把短分時線的KD給弄個像樣的強勢呢？這是我今天觀盤的重點。

　　日KD今天總算金叉了，KD的規律是高檔鈍化會帶動上一個級數產生金叉。這一個金叉算是給7/18的60分KD高檔鈍化的一個面子吧，雖然遲到了兩天。

　　前兩天一直在問這個問題的朋友，很抱歉羅威一直沒有給各位答案，因為羅威說的都是較高出現率的狀況，這種短線的變化是不是如我說的那般，答案在短時間內自然會浮現。羅威說，用你親身的經驗去看到盤勢給你正確的解答，會比我告訴你的有效得多。

　　日K跌破8433低點之後，接下來應該是不過前高8842的反彈，50MA附近會有很大的壓力，而最近幾天頻頻收下影線，似乎又有類似五月底8673低點那種味道，真讓人懷疑，會是政府的基金又進場護盤了嗎？不管外面的消息如何，K線是有那麼一點跌不下去的味道，但是也只是讓人感覺跌不下去而已，短線的指標卻都還沒有看到有力的轉折訊號，因此保持低資金部位的持股或者空手觀望，都是不錯的策略。

　　60分KD在18日出現高檔鈍化，回檔沒破8410低點，再漲過8580高點，也都如口訣般的出現了！那麼，KD高檔鈍化回檔不破低會再創新高，如果你相信這種規律，而且把這個口訣應用在60分KD上面，就會想到沒有破低後面應該會再創新高，這樣就不會在今天之前去看空和作空，因為那是成功率比較低的操作。為了

維持高勝率，我們應該學那位教授，不符合條件的一概不接受。

　　個人看法，日線以上的格局都是空頭，要一次扭轉成多頭真的很不容易，現在只是60分帶動的日K反彈，今天12:00，小時線的KD的K值高於80了，接下來就是看看會不會鈍化囉。60分KD鈍化是一回事，不鈍化就成為背離走勢又是一回事。重點是，如果反彈結束就會破低點產生轉浪，目前的前低在8490，離現在價位太遠，應該不會來，比較可能的方式是，在這附近壓一下，做一個前低，那將來跌破就比較容易了！

　　這種盤，我是多空都有的，但是持股都很低，為何會多空都有呢？

　　18MA＜50MA是空頭格局，所以有空單。雖然是空頭格局，但是雙線的負乖離卻是不斷縮小，所以買一些多單。作空弱勢股，作多強勢股，多空本來就是很自由的，不是嗎？不過這個盤因為雙線負乖離開始收斂，我會逐漸加重強勢股的股數和整體多單的比例到五成。

　　如果不考慮鈍化的問題，一般人會認為股價創新高指標沒過高這是背離，但是考慮鈍化的問題後，個人對於KD背離的定義是：KD高檔鈍化後回檔不破低，再漲創新高，但是股價創新高KD卻沒有高檔鈍化，才叫做背離。這種定義和一般書籍上寫的定義是不一樣的，至於哪一種比較好？我也不想老王賣瓜，就要看你的習慣了。

　　對於背離，我個人只當它是「危險訊號」，並不是買賣點，背離的成立有六個步驟（請看《頭部生命力》解說），買賣點還是要看轉浪與否，才不會白費工夫。7/8高檔鈍化就是另一個多頭的開始。所以，個人用法上，明天以後60分還有機會做鈍化，這樣是不算背離的。

　　當你對KD的幾個規則了解之後，只要發現符合高成功率的現象，套進規則下一步該出現什麼？應該可以做成SOP的標準操作流程，往後的走勢十之八九都在規劃當中，就算猜錯也很容易正確的應對。

　　今天重點是日金叉出現了，60分也有高檔鈍化了，兩個條件都有了，不是很好嗎？這真是一個強弱分明的盤，明天，應該又是無事的一天，股市的資金就只有一套，無法面面俱到，該強的強，該弱的弱，手中股票該漲的漲了，該跌的也跌了，很健康。

　　有規劃有計劃，剩下就等變化了。如果照規劃走就是你的！如果不照規劃走就不是你的囉！做你看得到的行情，賺你方法內的錢。這樣就對了。

　　規劃，計劃，變化，做好規劃和計劃就等待變化囉。

　　最近發文頻率比較高，是因為最近的盤都在小級數裡面，另外就是下個月起，羅威要忙一些事情，大該沒什麼時間經常在版面上陪大家解盤了，所以這個月有空就把一些感想先寫一寫，讓大家在作法上有個概念，將來比較好應對。

伊豆迷人酒窩大道

2011/07/21

　　有兩個台灣觀光團到日本伊豆半島旅遊，路況很壞，到處都是坑洞。其中一位導遊連聲抱歉，說「路面簡直像麻子一樣」。而另一個導遊卻詩意盎然地對遊客說：「各位先生女士，我們現在走的這條道路，正是赫赫有名的伊豆迷人酒窩大道。」

　　面對同樣的情況，不同的意念就會產生不同的態度，不同的態度決定了我們的生活。思想是如此奇妙，如何去想，決定權在你，要讓你的日子過得快樂，就要往快樂的方向去想，要讓自己的日子過得積極，就要往積極的方向去想。

　　面對股市，不同的態度也將決定我們成功與否。頹廢、盲目、沮喪、衝動、悲觀，都將逃脫不過失敗的結局。唯有冷靜、樂觀、堅持、自信，經過不斷吸取教訓和經驗，方能離成功越來越近。所謂長大，就是，你知道那是什麼事；所謂成熟，就是，你知道後，故意說不知道。不是嗎？

　　今天的盤，個人把它看成是一個醞釀的盤，在壓力區和壓力線下方醞釀攻擊或者準備退守的盤，以雙均線乖離已經快要收縮到零軸的力道來看，接下來應該會到零軸上方去玩一玩，因此可以判斷短線上揚還沒有結束，今天盤勢走平是一種強勢的表現。短線上因為KD出現強勢，我們就以偏多的想法來思考，KD高檔鈍化如果回檔不破低，再漲會創新高，這是多頭的期待。

　　如果以偏空的方向來思考，日線是空頭浪破8433低點之後的B波反彈，反彈應該不過高，也就是日K不會突破8842高點，而且反彈後還會破低點。而如果反彈波是以ABC的方式表示，那麼其實ABC已經在60分裡面的兩次高檔鈍化走完了！那麼，現在會是日線的B波反彈高點嗎？

　　多頭浪和空頭浪想法只有一個差別，就是「會不會破低」？不破，就是第一種偏多的走法；會破低，那就成為第二種偏空的走法。

　　妙的是現在日線是空頭浪，而60分線卻是多頭浪，而且是在鈍化中，兩種級數不同走勢的糾葛總會讓人難以抉擇。現在連「回檔」都看不見，還要等「不破低」和「創新高」！行情雖然有點顛簸，不過晃啊晃的總會晃出一個方向來的，那麼我們就享受這迷人酒窩大道小震盪的行情，方向如何就慢慢等吧。

　　「你的鼓勵是我寫作的動力」，羅威也會因為讀者的鼓勵而拚命的發文！不過，真的很感謝各位這一陣子來的高評分和高點閱率的鼓勵！當然將來若整理成書也能暢銷，那就是給我最大的鼓勵囉。

明天──加油！

2011/07/21

　　昨晚，不小心扭傷了腳踝，痛得整夜無法入眠，中午，等不到收盤，就叫了計程車趕到崇德給整骨師傅「喬」，師傅看我腳踝腫得像饅頭一樣說「哇！怎麼『反腳刀』（台語）這樣嚴重，很痛吧？」我正要點點頭，師傅冷不防的在腳板上施了一下力，我還沒有「哎」出來，師傅放下腳踝說「好了，可以踏了，先敷藥，下回再來舒筋就可以了……。」

　　我說，我都還沒看清楚你是怎麼弄的呢？

　　師傅笑說：「哈！功夫怎麼可以讓你這樣容易看到！」

　　那倒是，以前也有過幾次骨骼問題來給他看，他都在談笑間做完他的動作，我一直沒有看清楚他的手法。通常整過骨後再來兩趟舒筋，就OK了。對這位師傅的信心就是這樣。

　　因為腳傷的關係,讓我無法到處跑,很死心的在電腦前面看了一下午的K線圖,18MA已經連續兩天向上,明天的扣抵價是6/28的收盤價8478,而扣抵量只有833億,以這樣來看應該是很輕易的就可以站上,量價齊揚連續三天的情況就會出現,那麼我們可以預判明天會是多頭啟動的日子。

　　破低,照理講是不會過高,但是如果有多頭啟動加入,似乎就有那麼一點點機會了!不過,先別高興,過去有很多次多頭啟動結果失敗的例子,就如同KD鈍化也不是每一次都OK的,每一種方法都只是統計上勝率比較高的方法而已,並不是「一定會」如此。很多人希望把操作程式化,但是程式化的結果往往會令操作者慢慢消失或者很快陣亡。

對於盤勢要謙卑面對，每次的買賣其實都是一個成功率各50%的開始。世界上任何事情都不會只有一個解決方案，何況是多變的股市，只是我們可以照過去的情況去設計可能的方向，然後亦步亦趨的跟隨，方向正確就大膽加碼，萬一出現危險就立刻撤出。不死多，也不死空，控管好資金保持操作彈性，應該可以趨吉避凶的。

　　最近幾天有幾位同修寫信給我報告他的選股，依照我說的方式選出來的股票真的是很會漲。他告訴我以前很難選到會漲的股票，現在選的股票都很會漲，而且有固定的控盤方式抱得也很安心！我告訴他，我已經將我吃飯的傢伙都給你了，你再選不到強勢好股那就沒辦法囉。

　　多頭啟動在即，山雨欲來風滿樓。國際局勢驚險萬分，利空頻傳，情景灰暗卻又充滿力量。清勁的風把房中的簾子吹得鼓脹。我站在門邊，靜靜望着外面黑色的天空，風很大但是並不刺骨，山雨欲來的威力無可忽視。

　　明天——加油！

終於量價齊揚

2011/07/22

國民黨元老于右任精於書法，草書更是擅長，求他的字的人很多。有一天，有人特備酒筵請他寫字，飯後拿來紙筆，于右任在酩酊之中揮毫，留下一行「不可隨處小便」而去。

第二天，那人拿出這行字請教于右任，于老知道自己酒後失筆，連聲道歉，沉思良久，似有所得，於是叫人取來剪刀，將所提之字一字一字剪成幾塊，重新拼排、說：「你看，這不是一句很好的座右銘嗎？」

那人一看，禁不住大笑，再三拜謝。

六個字重新安排，原來是：「不可小處隨便」。

　　這個月，羅威發文算是勤快的一個月，尤其是這陣子幾乎天天貼著盤面，盤中就依照技術面發表我的想法和看法和做法，就是希望帶著喜歡我的讀者，走一趟高低檔轉折的思考邏輯，雖說話題一直都繞著60分KD走，但是如果你把它放大級數，這種方式也可以用在日線或者週線的格局，如果你把它縮小級數，其實短線5分或1分的法則還是一樣看待。

　　對於操作，羅威一向強調「級數的定位」，這個行情主要反應在哪一個級數，我們就做哪個級數，看得懂才做，看懂多少就作多少，看不懂的時候就不要勉強，觀望也是無妨。

　　至於使用的工具，羅威只用自己很擅長也很習慣使用的兩條均線一個指標，當然對於各位朋友提出的如外資買賣超、國際局勢變化、和其他的指標用法，因為不是我擅長的，所以沒辦法給各位意見，也讓這些朋友問道於盲，羅威感到很抱歉。

　　我想，如果你對其他工具有不錯的心得，繼續使用就是了，所謂的「調心適法」當你決定使用的工具之後，最重要的就是讓你的心隨著這些指標的訊號而動，這樣操作上就會比較順遂，勉強使用不適合你的方法，未必是佳。

這張圖和昨天的圖用的工具都一樣，但是略有不同就是給予我們昨天提到的「多頭啟動」一個明顯的確認，為何昨天就可以確認，原因來自於扣抵價和扣抵量都是扣低的，所以可以提早宣佈18日均量和18日均價會連續三天上揚。至於有朋友問到這回沒有按照多頭啟動三條件的步驟來完成的問題，羅威的解答是——**多頭啟動主要是看能否18日量價齊揚三天，可以量價齊揚三天就是多頭啟動，第一和第二條件並非多頭啟動的必要條件。**

所謂「選股不選市」，作多只選強勢股，作空只選弱勢股。我會看大盤多空的原因主要是在做資金控管之用的，當局勢好的時候用力做甚至動用融資都可以，但是當局勢有疑惑的時候縮小資金部位，這是一定要把握的原則。個股的買賣點大盤只是大方向的參考，你要操作的商品是否有買賣點才是重點，先照著大盤

的多空分配好資金，然後依照各股的買賣點進出，這才是羅威想要傳送的操作理念。

這個盤，我比較有疑慮的是8410低點是有破前低8433的，這是日線級數的空頭浪中的B波反彈，因此作多總覺得不夠踏實。假如能夠突破8842高點再次轉浪，那就會比較安心一點。

說長道短

2011/07/24

說到長短，很久以前有一位我很敬重的前輩，跟我講投資的道理，他強調投資一定要做「長線」投資。他說，長線投資所要掌握的利潤，並非來自於股價或指數表現，而是個股或基金投資組合的「內涵價值成長」，當然，投資標的可能會跌價，「但投資市場有個真理，時間終會還給好股票一個公道。」

長線投資的好處之一是，讓自己在緩慢從容的心態中進行投資，維持生活品質，如果因為一點風吹草動就急於應變，就失去了長線投資對於生活的正面意義。他的觀念是，既然選擇這檔股票，代表你相信這家公司經營者的應變能力。所以，投資人的最佳策略就是「以不變應萬變」，安心生活，繼續這趟從容優雅的長期投資。

上面這些字句一直都在我的電腦裡面塵封，今天整理文件時又浮出了水面，很可惜這麼多年以來，對於前輩的教導，羅威一直沒有做到，甚至於只嘗試過幾次之後，就宣告放棄將它束之高閣了！

長線投資的心態我很認同，但是台股的產業循環大概三年就是一個輪迴，沒有高檔賣出想抱長線，還真的找不到多少百分率的個股真的有長線發展的。個人認為就算是要長線投資，也必須很注重價格，低價進場跟高價進場，雖然策略都是「買進，然後持有」，報酬率將大不相同。

所謂的長線投資低價進場點，往往都是好幾年才會來到一次，這種好幾年才能進場一次的投資方式，羅威自我檢討，不是前輩教得不好也不是觀念無法吸收，而是——我真的做不到。我的個性無法在股票將下跌、快要跌、已經跌的時候，還能夠不去處理，還能夠閉著眼睛說「我是長線投資的」。

說實在的，我和市場上99%的投資人一樣，都希望今天進場，下禮拜或下個月就能夠看到利差，然後獲利了結，用極短的停損，追逐短線的利潤，樂而不疲。有同修說這是「強迫取分戰法」，追隨容易獲利的方法與市場融合為一體，捕捉容易到手的獵物。短波段投資比較符合我的個性，長線，真的好難！我總不能吃這盤又看著那盤吧？

我是一個強調「買點、賣點、停損點、停利點」的小波段投

資人，簡單講，羅威的操作方式是屬於短線投資的方式，而長線投資講的卻是「買進，然後持有」。長線投資首先要避開的陷阱是「重視停利、停損點」，因為長線投資比較重視的是基本面，真正的投資是公司替股東賺錢，股東賺的不是價差，而是盈餘分配，賺的是配股和配息，所謂「複利的力量」，只要基本面不變，根本沒有所謂的停損或停利。

「考慮停利或停損，代表你仍然只是短線或中線的投資心態。」我記得當時那位前輩是這樣說的。不過大概是個性使然吧，前輩還是我尊敬的前輩，他悠然自得的生活方式依然是我所欽佩的，但是操作上我還是喜歡我自己，我有自己的操作架構，我用自己的方式，做自己喜歡的買賣，賺自己能夠賺的錢。

我常常和朋友談到人家說的長線，我總是很羨慕的說「長線對我來說，好遙遠」，有時候也會引出網路流傳的玩笑話「長線，我們都死了」來回答。說長道短，長遠來看，能夠賺錢的其實都是好方法，短線投機和長線投資比起來到底誰優誰劣，就看你的性格如何了。長線或短線其實不在書中、不在別人的口中，也不在這篇文章，而是在你的心中。

長線與短線

2011/07/25

　　基本上，買股票跟結婚是兩碼子事，結了婚你得不離不棄地照顧你老婆（或老公）一輩子，幸福不是你的愛人多漂亮，而是愛人的笑容多燦爛；對於婚姻你只能買進，然後持有直到永遠，除非辦好離婚手續，否則不能賣出。但買股票你只要賺到飽，或者忍受不了虧損，就可以賣掉了。

　　買股票的主要問題，在於選對公司，至於短波段或長波段操作，只是看個人的投資喜好。只要你知道長線股票會漲，那麼把它切成幾個小段作短波段操作也無所謂，反正不用怕套牢。股票短波段投資的獲利是可行的，而且只要規劃好停損的位置，並且依照紀律操作，短波段的風險雖然也是存在，但是並沒想像中那麼高。

　　最近回答幾位朋友的問題，發現對於大盤和個股的關聯性仍然普遍存在大家的疑問中，比如說大盤現在月KD向下、週線ABC的C波還沒走完、18MA小於50MA……，就這些技術面的現象來說，理應作空才對，那麼為何羅威卻不斷地提示作多？

　　我想，每個人對於自己可以忍受的風險都是不同的，投資的個性也不同，因此在哪個點投入多少成數的資金，似乎也不盡相同。這一段操作，我算是比較攻擊型的做法，請各位看看就好，

資金還是要自己控管。

我想，老讀者可能比較容易了解羅威的操作方式，最近的盤我判斷是日KD向上而週KD向下，兩個週期相同指標、方向相反的盤整盤，所以看法的依據會降一級到小時K來觀察，也就是我是以短線可能影響長線的情況下來假設，這一個力道可能翻多，而事實也是一一出現，60分KD高檔鈍化→日KD金叉→雙均線負乖離縮小→18日量價齊揚……等等，這都是屬於短線慢慢翻轉的現象。

因為大盤能否翻多，要看股票強勢的多不多，選股的過程也可以看看到底在漲哪些股票？以及有沒有足以帶領大盤翻多的強勢族群？這些都可以作為大盤走勢的參考。我想和大家說明的是，羅威只解大盤，看我的文章時，請你把大盤當作個股，當個股出現什麼樣的情況，你該做什麼樣的選股動作？這樣對你的想法可能會比較有幫助。要不然，當你在質疑為何我會買股票的時候，我已經賺了一小波了！等你想到可以買的時候，我已經又賣得差不多囉。

　之前說過，這一波我比較有疑慮的是8410有跌破8433前低，照理講是反彈不會過高，但是上週五量價齊揚，又讓人對後勢燃起希望。不過當天的發文〈量價終於齊揚〉裡，羅威說量價齊揚並非一定上漲，也會有失敗的狀況。像今天的黑K把昨天的紅K漲幅全吞掉了，高檔K最低點跌破昨日K線最低點，就是失敗訊號的第一彈。

　在B波反彈接近前高的位置，出現這種訊號是很糟糕的，有點類似反彈無力點，它也告訴我們往後的高點應該不高了！因此該小心的時候還是要小心，所有在各位設定的方法內所產生的賣點，只要一出現都必須立刻依法賣出，不可以規避。

　股票的賣點要看該股的走勢是否出現賣點，羅威手上的5檔

股票，今天也是全都收黑K，但是也只是收黑K而已，還沒有產生轉折，所以也都還沒有賣出。明天起如果出現賣點我就會執行賣出，不管停損還是停利，沒有賣點的話當然就續留，畢竟股票不是看大盤做買賣的，它們有它們特有的買賣點。

幸福不是在你成功時的喝采多熱烈，而是失意時有個聲音對你說：朋友別倒下！

幸福不是你聽過多少甜言蜜語，而是你傷心落淚時有人對你說：沒事，有我在。

有時候當我比較樂觀的時候，我也會把自己設定為反指標，當我看好的時候，盤勢就開始走壞。其實好壞都無妨，因為我對多空不是自由心證的一廂認定，毫無修正的機會，我是秉持一定的方法所做的分析和操作，只要方法告訴我「不對了」，我自然就會開始小心。今天這一根黑K就是來者不善，應該要開始戒備了。

簡單提醒，祝大家操作順利。

變化就在峰谷之間

2011/07/26

以前總是希望身邊所有的人事物都是幸福美滿的，但當人成長了、年紀大了、見的世面多了、也努力過了之後，才發現，很多事情真的只有「心有餘而力不足」，或者「無能為力」。就算現在，哪怕是跟自己非常非常親的人，自己也未必能插手管些什麼，每個人有每個人的想法與自由意志，那是任何人都管不了、改變不了的。

即便是男女朋友、夫妻間的事情，只要不是當事人，就只有當個聆聽者的份，或許也可以提供「意見」，但恕不負擔任何責任，插事太多太雞婆，有時候也會公親變事主（台語），惹來一身腥。當你失意的時候願意留下來，當你做錯時願意跟你爭吵的人，才是真正愛你的人。在乎你，才會爭才會吵；會留下來的，必然是不離不棄。

想要身旁的每個人都幸福美滿，只是一個「理想」，幸不幸福與美不美滿，是掌握在每個人自己的手上。

　　昨天大跌，今天大漲，翻臉比翻書還快！有跟我連續喝過好
幾杯咖啡的人可以發現，如果你懂得峰谷之間操作的奧祕，最近
高高低低的起伏並不難抓，重點還是在一個過不過高和破不破低
而已。昨天下殺今天上拉過高，很自然的又出現一個新的低點，
就是昨日低點8661已經成為新的低檔防守點，所以今後只要不破
昨天的低點就沒問題了。

　　日KD已經如預期的到了80，接下來要看的是會不會高檔鈍
化，會鈍化就是強勢，不鈍化就是該強不強會轉弱，該如何做就
如何做囉！另外一個更漂亮的現象是，今天的週KD出現金叉了，
如果本週收盤能夠週KD金叉成立，那麼對想作多的人來說，應該
是很高興的事情，因為週線的訊號就不是短多而是中多囉！不過
今天才週二，週線的最後收盤價是在週五才能決定週KD的數值，

還有3天時間可以讓它表演，8842高點就在眼前，希望能夠用力給它衝過去，那麼前面的8410跌破前低的不利情況自然化解，心裡就可以篤定多了。

昨日軟得像條蟲，今天卻像一條龍，不過，操作還是要依法，早盤有兩檔碰觸停損點，二話不說滑鼠點下去，一乾二淨！早盤瘦身完畢，就等臨收前看盤勢漸漸明朗，又挑了兩檔進場，持股一樣是5檔滿檔。雖然看多也作多，但是在KD是否鈍化，前高是否能突破，週KD是否能真金叉的節骨眼，個人依然戒慎小心，股票還是一樣，該守的點位有守，就續抱，萬一失守，一定賣出，這種依照點位執行的方式是斬釘截鐵、毫無妥協的空間的。

記得我說過「只要管好自己、過好自己最重要，自己都顧不好了，還管別人的死活？」現在，這句話到現在還是一樣實際，只要能好好照顧好自己，就很阿彌陀佛了。股票的事也一樣，挑選好股買進，做好停損點準備出場，和獲利點準備賣出，至於它會來哪一點？那也只能聽天由命了。所謂「要虧多少由我決定，要賺多少老天決定」，不就是這個道理嗎？股市的賺賠其實都要看開點，專注於自己手上所擁有的就好了，要不然就算活著也會很痛苦。

明天──就看它表演了

　　下午在某證券公司，舉行一場座談，簡單的談論了一下最近的大盤，並且分享股票的選股觀念，以及分享期貨的簡單當沖技巧。能夠和投資人面對面分享股市的操作方式，是我最高興的事情，一個下午講下來還真有點意猶未盡！

　　今天收盤KD又進了一步，日KD的K值已經兩天在80上方了，明天會如何呢？我們可以用奇狐模擬K線測試，結果預估是8706收盤的話K值是80.06，所以只要收盤在8706以上日KD就能夠高檔鈍化，今天收盤是8817，明天要跌111點以上KD才不會高檔鈍化，因此可以簡單判斷，明天高檔鈍化的機會是很高的。

今天美中不足的是最高點只來到8819，離前高8842也算是到了門口，明天再加油一下，腳跟再墊高一下就可以過關了！不過在空頭浪的情況下，這種過不過高的重要關卡，也常常是老天捉弄人的時刻，比如6/1高點9089離上一個高點9099只差10點，接著奮戰了幾天，沒辦法過就是沒辦法過！終於敗陣下來。那樣的情況手腳慢一點的很容易就被套住了。所以越是看起來光明無比、讓你充滿希望的時候，越要小心。

我希望明天以後不但KD能高檔鈍化，更能夠強勢跑到8900以上，轉浪以後再回檔，這樣是最漂亮的演出。而備胎就是KD高檔鈍化而股價無法過高轉浪，那麼這就是完美的誘多陷阱囉！明天以後會不會如劇本所寫，就看導演喜歡哪一套劇本了！

這一週，我個人是比較樂觀的估計週KD會金叉往上，如果加上日KD也能夠鈍化，那更加完美。如上篇所言，週KD金叉會有3到5週的作多機會。不過對期貨操作者來說，上面有層層疊疊的關卡橫在上面，要直接大漲噴上去的機會並不大，可以操作的空間可能不大！指數小空間，個股比較有表現的空間，請好好把喔。

時速一百一娘娘！

2011/07/28

　　父親有個忘年之交，我都叫他連老師，我小的時候就住在同一個村子，後來調職到都市，退休後生意也做得不錯，在一次大病未逢閻王召見之下，生活變得相當注重養生。連老師年紀都七十過半了，還成天騎著500CC的重型機車載著師娘到處遊山玩水，有點類似最近電視常看到幾個老阿伯騎車環島的態勢。有一天，這台重型機車噗嚕噗嚕地，跑了70公里路來到羅威老家門口。

　　父親看著機車從巷口拐了進來，車未停妥人都還沒下車，連老師就以極高的嗓門說：「厚！老賴，我跟你說，剛剛在彰雲大橋一路只騎一百一娘娘（台語「而已」的意思）！」老爸當然投以欣羨的眼光，說了句：「老了你也不認老，還學少年耶騎飛快車，後面載小姐啪哩啪哩（台語）！」

　　美股昨晚跌了197點，一般而言美股會影響台股的開盤，但是開盤後，台股會走自己的路。早盤開盤，期貨跌了70點，我想還好吧，等到9點，加權開盤8739，跌了80點左右，我心中嘀咕「只剩下30點」（離昨天預估KD鈍化點的距離），接著看盤勢快速往下，跌破了預估的點位8706，我開始點下滑鼠，買進8900的選擇權，一筆一筆慢慢敲進。「一定會鈍化的」，這是我的信心。

果然，8706下方沒什麼低點，也沒停留多久，就扶搖直上，像連老師的重機，在彰雲大橋一路只騎一百一娘娘。差別是彰雲大橋是直線、沒有紅綠燈的長橋，而今天的K線圖有點蛇行和稍微顛簸而已。強勢股依然強勢表演，真的是很賞心悅目的事情。這個「信心」不僅僅需要有知識的後盾，更需要經驗的累積。

昨天在證券公司分享期貨當沖策略，羅威說，「當沖」是當天的單必須當天沖銷，不留倉過夜叫做當沖，而不是一天裡面一直來回買賣才叫當沖。做期貨當沖首先要看方向，日線的方向就是大哥，大哥說向上你就不要做往下的空單，乖乖聽大哥的話等著作多就對了。今天的走勢，應該會讓昨天的說法得到一個印證，方向確定，下單篤定。也會讓人留下深刻的印象吧。

復健之路

先看一則新聞報導：

重返大聯盟首戰 王建民投四局失6分（TVBS）

台灣投手王建民今天重返美國職棒大聯盟，建仔說，一切好像從零開始，從受傷、復健又回到球場，覺得「自己做到了」，非常開心。

王建民的受傷起因於一場跑壘的意外，扭傷腳骨，接著又手臂出問題，經過兩年的復健才重新站上投手丘，真的是很不容易的事，我們為他加油，期望他在國民隊會有好的表現。

最近的股市何嘗不是像受了傷、在做復健呢？

　　回顧一下這一波的走勢看法：

　　7/8出現KD高檔鈍化，當時說明只要回檔不破低，就能夠再創新高。

　　7/14最低8410，把前低8433給跌破了，就像扭傷右腳一般。既然破低，反彈不會過高是空頭浪的規則，所以雖然有動能超越但還是在空頭浪之中，既然沒有過高，就無法扭轉空頭格局。

　　這波7/27高點只到8819，並沒有突破前高8842，因為沒有過高產生轉浪，所以這並不是第1波，沒過高都只能看是B波反彈。

　　7/28出現KD高檔鈍化，又給多頭一線希望，我們希望它能夠過8842高點甚至衝上8900以上再回檔！但是因為沒有過高產生轉浪，所以這一個KD鈍化只能看做B波反彈中的高檔鈍化（a波）而已，這是要特別注意的地方。

　　7/29低點7638又跌破7/25低點8861，多頭浪又見轉浪，加上60分KD向下死叉，短線回檔確定，這一回檔還得小心是否會造成回跌。

　　股價從7/14破低受傷開始，是不是也向王建民一樣開始走復健的路呢？復健的路是冗長而且很無奈的，需要很強的毅力和決心才行。

　　週五KD結束鈍化，以鈍化的功能來說應該是做回檔，但是因為它是破低後沒有過高，屬於空頭浪的型態。週五，週KD沒有正

式金叉往上，週線的前高和日K一樣是在8842，本週並沒如預期的出現轉浪，如果無法過高出現轉浪，破低的可能性還是存在的，那麼一切又要重新開始了，這也是我們必須小心防備的地方。復健的路真的很漫長啊！

美債危機下週就要攤牌，美國國會會通過調高政府的舉債上限嗎？危機會成為真的危機，還是成為轉機呢？

全世界都屏息以待。

第四章
又破低

如何面對利多！

今天大盤上漲了57點，據說是受到這樣消息的影響：「美國總統歐巴馬於7/31宣布，參議院和眾議院共和黨和民主黨領袖達成協議，未來10年將減少2.5兆美元赤字，舉債上限則增加2.1兆美元，率先聞訊的亞洲股市全面走揚慶祝，美國10年期公債殖利率也同步下挫（資料來源：Bloomberg，2011/8/1）。」

消息面會影響股市，這一個美債問題又為這個說法做了一個見證。七月以來美國府會對提高舉債上限，與削減赤字等未能達成共識，美國債務上限問題不明之下，美股歐股通通下跌，但是投資人對於美國政客最終將會妥協、提高政府舉債上限的預期甚高；因此雖然股市下跌，但是買盤依然不弱，歐巴馬今日宣佈提高舉債上限，也只不過是把週五的跌幅還了一些公道而已。

其實，從1940年以來的70年，美國總共上調79次國債限額，也就是說平均一年會調一次。2009年國會上調兩次國債限額，增加1.07兆美元，2010/2/12又上調1.9兆美元。怪的是，過去的美債問題幾乎不見新聞報導，而這回卻被大肆炒作，想想也知道是其中必有緣故吧！

　　既然大家把美債通過當作是利多看待，我也不反對，畢竟它上漲了啊！不過，對於利多或者利空，羅威通常會給它三天反應，三天後再來看後續會有什麼演變。延續日KD鈍化後回檔應該有的走勢，週五破低今天反彈，其實是很正常，接下來呢？要做小C波還是要做小W呢？等明後天找到高點之後，怎麼做就更趨明朗了。仔細看指標現象，本來就會反彈的盤，這個利多算是反彈的催化劑吧，要不然為何不多漲一點呢？

　　股票也很有趣，週五一個下跌整個強勢股也都跌，甚至盤後還找不出幾檔強勢股，而今天一漲，又一堆強勢股，看得眼花撩亂！這正是汰弱留強的時刻，考驗你換股的智慧，因為18MA和50MA仍然還沒有翻多，所以資金控管仍然要嚴格，從扣抵區來看，要讓負乖離逐漸縮小到接近金叉位置的時間，應該在下週以

後的事了。

　　火災對於公司是利空，但是因為有火險，往往都會越燒越旺！不過這回台塑化因火災停工每天要損失15億，其他塑化股卻莫名其妙的大漲！個人看法這些股票裡面只有EG相關是漲真的，因為它在台塑化還沒火災之前就開始漲了。K線圖、線型、指標……等等其實可以告訴我們很多東西，到底是K線領先消息呢？還是消息影響K線呢？就請多看圖多體會吧！

又破低！

2011/08/03

　　最近的兩次高檔鈍化都破低，我的看法是：這很正常，沒什麼好意外的，因為它們的高點都沒有過前高轉浪啊，在空頭浪中不過高，破低不是很正常嗎？在大型的盤整盤中，鈍化沒有過高沒有轉浪就只能夠以a波看待，不能算是第1波，這樣來看這種盤就很正常了。

　　我的做法是，不管在哪一個時間週期，我只做我看得懂的那一波，當指標和盤勢可以配合的時候，就是我的盤，我就進場；當指標和盤勢沒有配合的時候，就不是我的盤，我就少量為之或者休息。

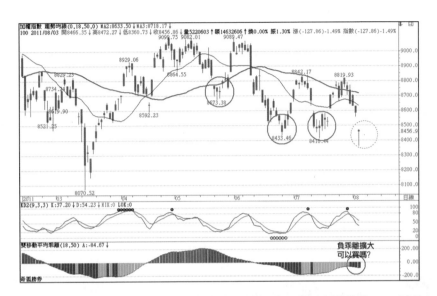

今天破低很好啊，破低才會有反彈不是嗎？這張圖，三個位置都有同樣的動作，就是勞退基金撥款給投信代操，然後每次都漲400點左右，這樣的規律，在連續表演三次，無三不成禮之後，這次會不會同樣出現呢？這就要問勞退基金了！

我們可以看到，再強的股票碰到這樣的情況都紛紛大跌，頗有破門而出的景象，羅威手中的持股也是如此，那麼做法只有一個，就是出場點一到就立刻出場。今天這一個下跳，技術面要止跌可要多費點心力和時間了。電子股明顯已經走空，一大堆破底的股票，要拉抬真的很難，政府基金人為的操控，只是讓更多散戶在含淚離開時，還不斷喊著「不是有選舉行情嗎？」

其實，這個盤在沒法突破8842高點，KD高檔鈍化後馬上K值

跌破80，有警覺性的人早就跑了，甚至抓到空頭浪不過高會破低的口訣的人也已經反空了。個人手中只有些空單，破低後如果會反彈，我會依照個股的買賣點做動作，如果無法有效的放量反彈，那麼就再選幾檔來加空。

　　沒有進入規則內的獵物到處跑，你看到了也沒有用，因為你抓不到。規則準備好，耐心地等獵物進來，這樣抓起來才會輕鬆自在。

心若不異　萬法如一

2011/08/04

　　關於宗教，羅威未曾缽衣也沒有受洗，但是入廟會燒香拜拜，進教堂也會禱告。我對於禪學和佛學有點興趣，看過幾本這類的書籍，文章中也多次引用相關的故事，可是我對佛學並沒有很深入的研究，不過，冥冥中個人的股市方法卻不知不覺得走入禪學的世界。《波動生命力》寫的兩條均線一個指標，仔細想來還真有那麼一點「禪」的意境，不過，也許這只是個人的一點感應，應該還未到禪的真正法味。

　　見解好像說得過去，但因為並未澈見，也缺乏正受（法的實證），所以也許不可能有真正的受用，也許只能說是「極大同

小，不見邊表；有即是無，無即是有；若不如是，必不須守」
吧。其實，我已經知道該如何「放下」了，只是心中還有一些心
願未了，還放不下而已。

今天盤勢再次重挫139點，也把昨日低點給跌破了，雖然因為
曾經量價齊揚而有多方訊息，但是空頭浪反彈不過高再跌破低，
雖然KD高檔鈍化，但是破（7/25）低點出現轉浪，K值跌破80也
是先走再說。

如今雙均線空頭而且負乖離不斷擴大，國際上歐洲國債的
利空加上台塑化的停工，台股真的是屋漏偏逢連夜雨。「若不如
是，必不須守」，自然就不能繼續堅持多方的想法，不是嗎？

分析有兩種選擇，往上還是往下，但是操作只有一個動

作——點到執行。「夢幻空華,何勞把捉;得失是非,一時放卻」。空手之後,一切歸於平靜,反而耳清目明,可以安心的等待下回再戰的機會。

多空,其實都有固定的循環,而每一個高點和低點的轉折都有固定的訊號模式,週線的ABC在上週原本有轉浪的機會,只要能夠突破8842高點,浪一轉就可能讓方向改變,很可惜的只差那麼一點點,就是無法出現轉浪的現象,因為沒有過高,所以殺下來再破低就變成很正常。

有位喝咖啡的朋友問到:「你從2002年來到聚財網,連續寫了將近九年!什麼動力能讓你堅持這樣長時間的寫作?」我笑著說:「因為這段期間我雖然碰到過好幾次空頭,但是都因為有事陰錯陽差,而沒有真正完成過一回空頭的寫作,在我的書裡面講的都是多頭該如何操作,獨缺這一篇『真正的空頭』,我想把它完成再走!」聞者哈哈大笑。

這一回,月KD向下、週KD向下、日KD也向下,台股應該是真正的空頭來臨了。如果你不善於作空,或者不喜歡作空,那麼請你空手在一邊觀望即可。敢作空的,就找月KD往下、週KD往下,然後股票反彈的空點去空吧。紀錄一下將來可能現象的走法,這些都是用我書上寫的方法「想像」出來的,是否如此就等待盤勢驗證囉。

1. 繼續走空→反彈不過高(60分會高檔鈍化,但是日K線不過

高）→再跌破低。所以反彈不過高都是找空點。

2. 見底情況→反彈過高出現轉浪→回檔不破低→再漲過高。

3. 走回升的情況→日KD會高檔鈍化，週KD上80後也高檔鈍化，扭轉月KD金叉往上。

這些簡單的規則，其實就是個人觀自大盤多年來的多空法則，這些現象一再的循環，生生不息。一即一切，一切即一；但能如是，何慮不畢；信心不二，不二信心；言語道斷，非去來今。

共勉之。

接下來的這一段羅威因為事忙，可能又要缺席了，不過我有空就會記錄一下盤勢和想法，我希望也能夠完成一部空頭的操作哲學，那麼我股票人生的寫作願望就算有一個漂亮的Ending了。

這是你的獵物嗎？

2011/08/08

　　每天的習慣早上起來開電腦，時間一到就是會自動「夢遊」似的插上插頭，按下電腦開關，然後洗把臉，很自動的在電腦前面等開盤！

　　上週五重挫，可以想到的技術口訣有幾種：

1. 破低後容易有反彈。

2. 長黑或長紅之後容易踩煞車，所以隔天的盤以小紅小黑居多。

　　這兩項加起來，除非又有什麼大利空，今天應該是小紅或小黑居多。這句話在一般時刻是很適用的，但是碰到國際性的系統性利空就會有例外。今天就是，很久沒有看過這樣跳水式的大跌了，有點怵目驚心吧？是的，空頭中當大家奪命而出的時候就是這種情形，現在回想一下，能夠在高檔看到苗頭不對就溜掉是不是很幸福的事呢？

因為最近家事比較忙，而且比較需要專心，今天我已經暗中決定讓自己在股市休息了，尾盤補掉所有的空單，等將來事情處理完了有機會再來。

技術面：所有的級數KD通通都是往下的，也就是極端的空方，這樣的情況下只好盯著最小級數的1分K看看會有什麼變化，因為大級數KD都是往下，所以小級數只有作空一個方向而已。作多？想都不要想。

　　我的極短線交易的方式很簡單也很固定的，到10:40為止，我看到有四個很明顯的空點。一天能短沖賺一兩趟，有點零用錢就好了，工作也已經做完，何況今天多做了兩趟，再不休息，就有可能被咬回去了。

　　以期貨當沖而言就是：上漲買進，下跌賣出，賺錢加碼，虧錢快跑，而這簡單口訣的運用就是要等到獵物進入射程之內以後，才能夠精準的出擊。也唯有在這樣的方法之下我才能夠賺到錢，在這方法之外的錢就不容易賺了。

　　對我來說，1分K的極短線並不是我的格局，對大部分的人來說應該也是如此。不過，技術面的東西應該是可以用在任何週期，如果你認為你不適合短線就忽略它們，這就錯了！請你用同樣的邏輯思考，當你的操作週期內有相同技術面的獵物出現，你能否捕捉到它們？

卡差不多咧

一早打開電腦，很習慣性的看一下美股，道瓊工業10809.85，跌634.76；那斯達克2357.69，跌174.72；S&P500 1119.46，跌79.92；費城半導體331.33，跌18.89，美股跌了634.76，這是什麼情形啊？我滿頭霧水等開盤。

又是跳空大跌，已經是第四個跳空缺口了！你也幫幫忙！這樣跳、跳、跳、跳，真的會跳死人哩！量一下，從8819跌到今天，跌幅18%！三代捏積，一代開空。今天這一跌，才一個禮拜，就跌回去年7月的低點？終於體會到重力加速度的恐怖了吧！

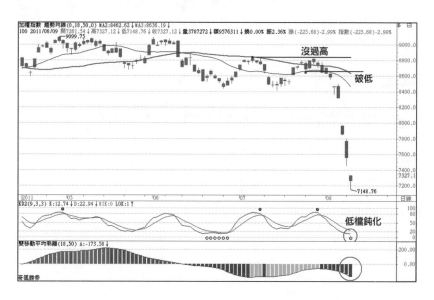

喂，大盤啊！你也卡差不多一點，都不停一下，難道真的要被地心引力吸到直下18層地獄嗎？

　　正經點，算一算跌了18%，融資追繳令應該快要萬箭齊發了，如果沒錯應該就在明天！那麼明天的10點斷頭斷完後應該會有一陣狂拉行情，只是，現在的散戶都很聰明，都會停損自我了斷，會不會出現斷頭行情？誰知道呢？

　　記錄一下今天的圖檔：

　　看了老半天，我很懷疑我的手跑哪去了，交易欄內的滑鼠箭號怎麼滑鼠都不按一下？

還要搶反彈嗎？貼圖比較快啦！

2011/08/10

在股市裡面，等待是一種秘技！等待股市的低點，等著要反彈放空，卻看回不回，驚驚彈，彈到心驚，彈到好像煞車踩不住了，一追高，明天或隔幾天就是股市反彈高點。所以追高搶反彈的原因不是「貪」，而是「怕」，害怕錯過股市名嘴老師所謂的「會有大反彈1000點」的機會，害怕漲那麼多而自己兩手空空！而就因為這樣的恐懼，就拿自己的錢財去給別人分配囉。

今天又彈上來了243點，彈得讓人心癢癢的，羅威知道自己的毛病，所以一早就把自己的手綁起來，後來看快要綁不住了，就乾脆跑去睡覺。等尾盤起來60分KD接近高檔鈍化（差一根K就成功），日KD也差一點點金叉！真是好盤，也是很好的測驗題。明天會如何？你在等什麼？我只能這樣說，反彈高點快要到了，好戲明天應該會開鑼囉。

1. 明天第一小時開高走高，60分KD高檔鈍化，那麼將來回檔後還會有一個高點。

2. 明天第一小時開高走低（或開低走低），60KD分沒辦法高檔鈍化，那麼就是該強不強，就會轉弱囉！

我只有兩種考量。當然，如果都不做，也不錯！用眼睛看就好，最少不會虧錢，又可想將來如果怎樣時你要怎樣做？還有，

如果你想要多了解KD指標這時候的變化，一定要把圖印出來，用
筆記把它記起來！光放頭腦內是沒用的。

有幾位朋友急急如律令的用E-mail請教，如果明日60分KD高
檔鈍化，那日KD真的金叉，可以搶3～5天的反彈嗎？我覺得很奇
怪！兩條均線18MA和50MA如飛瀑一般的下降，明明就是大空頭，
為什麼一定想要作多、想要搶反彈呢？

用文字講不清楚，貼一張可以驚風驅魔的令符給你看，這樣
比較快啦，希望你不要被嚇到！

這是技術面的一些歷史回顧，雙均線往下，KD低檔鈍化，在
這兩個技術面弱勢的情況下想搶反彈、想作多嗎？多看看歷史的K
線，多看圖沒事，沒事多看圖，要不要搶請自己想吧！

關於護盤的一些想法

2011/08/11

　　據報載，這次政府應付美債和歐債危機的總舵手是行政院副院長陳冲，陳冲說：「這次首度當家因應美債歐債危機，面對金融市場特性與動態，一點也不生澀，而且相當透徹。因應這次股災，以專業手段下專業藥方，絕不讓空頭有機可乘。」

　　「以專業手段下專業藥方，絕不讓空頭有機可乘！」真是擲地有聲的一句話！聽起來頗有「撼山易，撼陳家軍難」的氣概。以陳冲的完整歷練來看，個人不會對這句話起任何疑問。

台指期三大法人交易狀況

單位：口數

日期		多空交易口數淨額				當日留倉					加權指數
		自營	投信	外資	合計	自營	投信	外資	合計	增減	
8/1	(一)	409	94	-3,551	-3,048	923	3,455	-15,444	-11,066	-3,724	8,701.38
8/2	(二)	-1,733	-34	-153	-1,920	-940	3,421	-16,348	-13,867	-2,801	8,584.72
8/3	(三)	1,280	66	-1,674	-328	328	3,488	-18,569	-14,753	-886	8,456.86
8/4	(四)	530	-128	-5,555	-5,153	309	3,360	-25,045	-21,376	-6,623	8,317.27
8/5	(五)	-2,321	263	8,992	6,934	-1,651	3,623	-15,757	-13,785	7,591	7,853.13
8/8	(一)	-12,585	409	14,299	2,123	-14,537	4,032	-834	-11,339	2,446	7,552.80
8/9	(二)	1,962	237	-2,229	-30	-12,811	4,269	-2,202	-10,744	595	7,493.12
8/10	(三)	-611	-15	1,826	1,200	-13,452	4,254	197	-9,001	1,743	7,736.32
8/11	(四)	920	-339	969	1,550	-12,465	3,915	1,296	-7,254	1,747	7,719.09

　　看看上面的台指期貨三大法人進出表，裡面8/8外資一萬五千多口期貨空單突然全數回補，現在突然有點恍然大悟了！嘿嘿，行家一出手就知有沒有，也許陳老大有什麼王牌也說不定。

　　就技術面而言，雙均線都是高扣抵，預估會如下圖的斜率往下飆，可以看得到的轉浪點在8819，實在有點高，不容易一次挑戰過去。比較好的情況是先反彈找一個高點，然後回檔整理一段時間讓籌碼穩定一下，也讓均線走平再做定奪，會是比較符合技術面的情況。如下圖：

　　圖中的第二個指標OBV也是葛蘭碧所創設的指標，下面是乖離率的指標，這兩個指標已經好久沒有拿出來看了。這指標可以配合均線來用，至於怎麼用，台語有句諺語是這樣說的：「有樣學樣，沒樣自己想」，相關名詞解釋和用法，就請有心的人用

Google查詢關鍵字，就有很多資料可以閱讀，羅威就不多解釋了。

不過話說回來，政府基金最主要的功用是維護金融秩序並非獲利，只要讓股民信心不再擴大恐慌，就達到最初的目的。以往的經驗是只要指數是紅的而且上漲，就沒必要繼續護盤，簡單的說它只是具有逢低做支撐，或者政策上做點火的功能，不會用力拉抬。我等散戶，千萬不要有政府會護盤就會大漲的想法。

我們可以這樣想，政府的國安基金有5千億，每一波政府拿出來護盤的錢大概都是250億左右，也就是一次只投入大約1/20的資金，所以你看到政府護盤的消息，就跟著投入5%的資金買股票就行了，畢竟錢是自己的，要自己顧好，一定要有資金控管的執行能力，別讓自己的財富被人拿去重新分配才好。

陳冲說：「資本市場只能做不能說」，這位莫測高深的高手要如何應付這波的大跌危機？會像是日本大地震那樣嗎？真是期待。以後羅威會在旁邊恬恬的學著點，有機會就下去玩兩下，其他的話還是少說的好。不過我有信心，兩條均線、一個指標KD應該可以應付得了的。

反彈夠了嗎？

2011/08/16

除非你是老手也常常爬山，否則大部分爬過山的朋友應該都知道，爬山最累的時候，絕對不是剛剛開始上山的時候，而是下山的時候，尤其是下山過程中走了一段下坡路，然後又碰上上坡，大概爬沒兩下子你的腿都會癱軟。這是因為下山輕鬆，所以會感到下坡後的爬坡很吃力。

從7148低點開始反彈了6天，最高到7896已經反彈了748點，這樣的彈幅不算小了，但是如果從8819起跌算起，反彈的幅度不過只有0.382多一點而已。也就是說目前為止都只是弱勢反彈的範圍，這6天的反彈中其實上漲的天數只有兩天，其他四天都是下跌作收的，可見其弱勢於一般了。

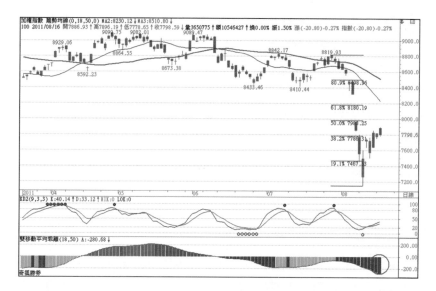

　　在圖裡面最下方，雙均線乖離還繼續往下擴大的情況下，個人對於作多搶反彈會相當保守。急跌後來個反彈，往往是短線的漲升格局，主要是資金大戶不小心被套到的解套行情，記得羅威說過，**解套是錢回來了就好了，不是股價要回到高點才叫解套喔**。一旦這些大戶們靠著低進高出不斷的震盪，做到可以賣掉低檔的籌碼，做到能夠讓資金大部分回籠的解套位置，反彈行情大概就結束了。

　　自古有云「亂世造英雄」，雖然現今多空混戰，戰況激烈但是勝負不明朗，不過陳冲護盤的這段戰役，日後回頭看必是經典橋段。個人不反對短線高手去搶反彈、偷點甜點來吃，但是需要認清的是，在雙均線快速往下的空頭格局中，在消息面尚未完全明朗之下，搶短線的反彈是逆勢的行為，手腳要快而且要淺嚐即

止，要不然很容易套在反彈的高點。

就長線保護短線來說，長線走空，當然是順著方向作空，但是碰到這種反彈，也是能避則避，等到它反彈無力的時候再順勢放空。放空的時機有幾種選擇，一是逢高空，一是見高檔轉弱時放空。兩種要看操作的商品而定，台灣50和台灣100的股票可以盤下放空，當然等轉弱的時候放空比較正確。而沒辦法盤下放空的個股，就只好在平盤上收紅的時候慢慢空囉（當然資券對鎖也是一種選擇）。

這波下跌一共留有五個缺口，這次反彈已經補掉最下面那兩個缺口，面臨8/4→8/5那個350點的大缺口，個人認為不會那樣快就有那個力道去挑戰，這也是上一篇K線圖中所畫的「先找到一個高點後回檔」那個圓圈的思考邏輯。

當然我不排除繼續往上挑戰，但是畢竟轉浪點太高，要做V型反轉有其困難度，個人以KD的操作思考，應該是開始走橫盤、後盤跌的盤勢居多。明天台指期結算，應該是反彈告一段落的時候了，是真的如預料的走不破低的橫盤，或者又有什麼大利空再次破低？我們就隨著盤勢的變化作應變吧。

對於反彈KD該如何應用，我想7月初、8月初的大盤各有一個很好的參考圖，有心想要研究的朋友，請您認真的回顧一下吧！

真的不知道該說什麼？

2011/08/18

還會漲嗎？

該買什麼股票？

這檔基本面的評價很好，應該可以買吧？

……

最近信箱經常會有這樣的信件，會問這些問題的，我想應該是新讀者居多吧！

會漲嗎？有啊！不是反彈了700點了？問題是你的股票有漲到嗎？最近連續3天的黑K第一根做止漲，第二根做破低下跌，今天續跌！18MA＜50MA雙均線雙雙往下，空頭浪沒過高就會破低，你認為它還會漲嗎？

該買什麼股票？個股的事情，已經表明很多次了，別問我，我一概不會回答的。因為每檔股票的波動不同，每個人交易的時間週期也不同，就如同我愛吃的菜未必就是你也喜歡吃的料理，或如同我愛聽愛唱的歌跟你所喜歡的也不會相同。另外一個原因是，我不想為任何一檔股票的多空背書，也不想為自己沒有在操作的股票擔心，更重要的是，我是守法的好國民，我不想違法，所以要不要買股票的事情，還是請你自己決定會比較好。

我唯一能給的建議是，目前個人對大盤的看法，大盤的技術

面是空頭格局，空頭最好的股票就是現金，股價在50MA下方的股票盡量不要持有，賣出股票之後，把現金攬得牢牢的就對了。

關於基本面，我的看法是基本面和技術面都是一些學者或教授閒閒沒事做的時候有一些想法，發明了幾個公式後，就請助理或研究生找些歷史數據來加減乘除、歸納統計一番，然後發表幾篇論文，接著就有很多人引用這些論文，於是造成一種風潮，這就是基本面和技術面的來源。君不見那些財報的評價規則公式的名字，和技術指標的發明人，哪一個不是教授學者或數學家？

改天如果心血來潮，你我也可以來弄個技術面的公式，搞不好也可以歷史留名呢。

最後，總算有一個比較正經的問題，「最近的KD看起來怪怪的，60分已經低檔鈍化了，日KD還沒死叉？」

最近的KD確實是怪怪的，原因出在KD的計算公式。KD指標是先用最近9天最高價和最低價的區間算出RSV，然後再計算K和D，**最近跳水急殺使得最近9天內的最高價遠在天邊，所以算出來的RSV一直都在50下方**，KD的值自然就會怪怪的，等計算期間9天時間過了，計算區間回到最近的交易區之後，自然就會恢復正常了。

60分低檔鈍化會帶動上一級數日KD死叉，如果能同時當然最好，但是有時候這現象會早到，有時候會遲到，就多觀察幾天吧！

美股開盤大跌400點！又有什麼利空消息了嗎？亂世果然會出英雄，最近常常出來喊話和放新聞的都是英雄，今天的消息是，「聯準會鬧意見！」還是「美國勞工部今天公布的7月消費物價指數（CPI）較6月攀升0.5%，較彭博訪查經濟師的預估中值0.2%高逾1倍。」

這些消息，是漲跌真正的內涵嗎？個人看法是，只是記者在說一些漲跌背後的故事罷了！技術面告訴我們很多事，都比消息面準很多喔！當技術面頭部完成、大跌的時候，相關的利空消息特別容易被放大解讀，此時如果你有依照技術面作空，當然會很爽，如果你不作空，還是那句話──空頭時期「現金為王」。

讀書，尤其是技術方面的書，真的不要急，要慢慢看，現在不懂，只要慢慢的再看幾次，以後就自然會懂。有不少讀者來信表達：「過去看技術指標『灰煞煞』，看羅威的書都能夠看

懂。」其實，不是因為羅威比較會寫，而是因為你已經在過去累積不少知識和功力了。你應該替自己高興才對。

不瞞你說，羅威自認我寫的書，內容是有一定深度的，你能夠看得懂也是不簡單的。不信？我轉貼一篇前幾天讀者的來信給你看看：

Dear 羅威大：

因為您才讓我在股市風雨中堅持到現在，不至於一次就畢業，看了您的書讓我知道如何操作股票，但是實際操作才發覺，看與做是二碼子的事，心態的健全占了很大的部分，我也一直在磨合我的操作個性。

前幾個月趨勢出來就試空單，所幸這一次有了比較可觀的獲利，雖然我有獲利了，但因目前台股乖離過大，先獲利了結一番，目前是空手的狀態。經過兩年的看你網路文章慢慢模擬，以小資金操作，這兩年總虧了將近30萬，但是這一波放空已經全部回本了，而我也已經漸漸抓到屬於我自己的勝利方程式。

非常感謝羅大，每每股市有動靜時，時常提醒我等散戶，才讓大家不至於有太大的虧損。

老實說，無師自通慢慢摸索兩年，30萬的學費算是很便宜的，反而所費的時間和心力應該更難以計算才對，這是學習的代價，每個人付出的代價不同而已。但是摸索出自己的操作法則之後，一次就狠狠的把它賺回來，功夫也得到了，以後依照方法慢慢操作，相信路已經不會那樣崎嶇了。

閒聊

2011/08/20

　　這陣子因為在高職當老師的弟弟放暑假，可以在家裡陪著父母，我手邊又有些工作要忙，回老家的頻率減少了很多，不過，再怎麼忙我也會每星期最少抽出一天下午的時間，驅車回老家。這次回去，看到媽媽蹲在雞寮邊綁鐵絲網，裡面有一窩小雞啾啾叫著，我走過去小聲地問媽媽「又要養雞了喔？爸爸有答應讓你養嗎？」媽媽說「我跟你老爸講很久很久，他才讓我養的……。」，我問媽媽這次養多少隻？媽媽說：「本來要抓50隻來養，你老爸叫我不要養那樣多，才20隻而已啦！」

　　三年前，父親中風後，上了年紀的媽媽，照顧起老伴可以說是無微不至，可能因此壓力過大，導致有點腦力和記憶力退化，最近更顯得嚴重，很多事剛講完不到五分鐘就忘掉了，醫師說看她喜歡做什麼就讓她做什麼，應該會有幫助。也許這是老爸會答應媽媽再次養雞的原因吧。

　　老爸問我，這回國際情勢大壞、股市大跌，啊你那些網友如何了？我說，能說的早說了，會聽我講的願意跑的也早跑了，至於叫不動也嚇唬不動的我就沒有辦法囉。這回大跌我看大家在專欄上的反應，受傷的應該不多啦，有的還會放空，還賺錢呢。

　　老爸很欣慰的看著天空，又看看我。緩緩的說：「你知道

天有多高？它可以很高，你說有多高就有多高，高到沒有人摸得著；但是也可以很低，你說有多低就有多低，就低到眼前。我們頭頂青天，要做安於良心的事情，將你所了解的風險告訴大家，把你認為該如何減少損失的方法告訴大家，讓大家能夠規避風險，你救不了全部，但是最少相信你這些方法的人，可以減少損失，這樣也就夠了。」

　　父親的叮嚀，羅威不敢或忘，雖然說散戶是很可憐的一群，可是股市變化萬千，後面還沒發生的事，誰又真的能說得準？且一直準呢？也只能把個人所了解的多空的分辨方式寫成書籍和大家講解，把轉折的方法告訴大家，讓大家作為定法上的參考。網路寫稿也儘可能用書裡面的方法，帶著大家判斷目前可能的位置和將來的方向，一切也不過是盡人事、聽天命而已。

　　這次反彈不過高後，回跌應該會破低，7148將會面臨被跌破的挑戰，如果7148跌破，那麼月K的前低7032就可能難守，而7032同時是月K和季K的前低，如此一來有可能演變成月K級數以及季K級數的破低，那真的就是大江東去（River of No Return）了。

　　股市裡面誰都想要贏，沒有人想要輸，要在空頭市場保本沒什麼秘訣，「看得開，捨得賣」，六個字而已。如果跌破月和季線的前波低點，下回的底部買點最少要等半年到一年，到時候滿地的黃金、鑽石讓你挑到眼花撩亂都有可能。

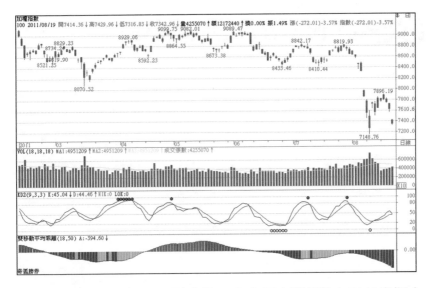

日K連四黑又跌了600點之後，大家再次寄望於在7148發揮止跌威力，順勢反彈700點的護盤大將陳冲，能夠再次顯現神威再次進場護盤。個人對這次護盤的火力集中，延燒旺盛，對陳冲運籌帷幄的能力也是滿佩服的。不過，昨天在7-11看到某週刊對這回護盤大將陳冲有一篇護盤成功方式的報導，裡面洋洋灑灑的列出了致勝的五個原因。

雖然個人感覺，這次護盤可以有些成就的原因，應該不止這五個，但是兵貴神速，突發一擊才有驚人的效果，看到這樣的報導心想不妙，這回只是小有成績就如此張揚，將我方戰略大剌剌的公開？這些記者好大喜功的報導，真是犯了兵家大忌！下回陳冲再次護盤，進場點火會不會依然順暢，會引來燎原之火？或者引來外資大戶的對作，來個傾盆大雨以致灰頭土臉？恐怕會有很大的變數，不多加把勁恐怕難以成功囉。

手癢嗎？何不等待落底的訊號？

2011/08/23

才剛剛開始要跌，就講這種文章？就算是預告吧，就像羅威預告頭部一樣，雖然沒有在預告的時候立刻下跌，但是總是跌了！有看過《波動生命力》一書的朋友，可以看一下實戰篇，羅威在4000點底部的時候都買哪些股票？

也許你會問，為什麼挑的都是雞蛋水餃股？

為何我在大盤低迷的低點喜歡買低價股？給你一串數據，股票總共一千三百多檔，大盤低點時候雞蛋水餃股有六七百檔，到高點的時候剩下兩百檔不到，這樣的數字不知道能不能給你什麼啟示？因為買低價股會上漲的命中率太高了嘛！

因為人都會貪心也會害怕，股市一跌，就會有很多人害怕虧損而搶著賣出，也會有很多人搶反彈，所以籌碼會很凌亂。不知道你有沒有這樣做過？空頭的時候，如果需要現金，你必須賣股票來取得現金，而你的股票價格分別是100元、50元、20元、5元，這時你會賣哪一檔呢？

大概很少人會選擇5元的股票來賣，以求得現金，對吧！這是很容易出現的想法。所以，低價的水餃股就會在這樣的情況下，比較少有人賣出，然後它的籌碼就會慢慢的沈澱下來，經過有心

人慢慢的進場吸貨之後，股價也就開始穩定下來（A區），雙均線開始打平然後糾結（B區），這就是底部的開始。

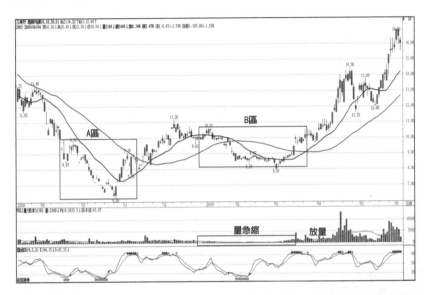

　　我們可以看到一大段時間成交量非常萎縮，幾乎每天都只有不到1、200張的量，緊接著量開始放大，然後冒量出擊。如果你用功的做過功課，你心理方面應該會很篤定的，現象還沒出現根本不會想去作多，要作多的訊號還很早得很，何必急呢？

　　據過去的經驗，每次的高點雞蛋水餃股剩下不到200檔，每次的低點，淪落為這種雞蛋水餃股的股票總有6、700檔之多，而且籌碼沉澱的時間非常的長，長到持有的人會忘記它的存在，所以，當這種股票多到500檔以上的時候，我們可以隱約知道「底部不遠了」，剩下的只是讓時間將籌碼更沉澱而已。

目前10元以下的雞蛋水餃股，數量只有不到250檔！也就是說，如果投資人缺錢的話，大家都還有比10元更高價格的股票可以賣。另外，一個大空頭的尾聲，總會有好幾家公司撐不住而下市（印象是5～10家吧），現在好像也還沒有看到任何一家公司有危機發生！

所以……嘿嘿，要見到底部的機會還早得很呢。你真的很手癢，不買股票會死人嗎？最好先忍住！等上面的雞蛋水餃股多於500檔以上的時候，再考慮吧。還可以慢慢等，到時候雞蛋水餃會成為黃金鑽石也說不定呢。

趨勢最大

2011/08/25

陳冲掌盤護盤，兩次在低點7148和7248成功的護住指數於不墜，表現可圈可點，問題是在國際局勢不佳、技術面完全劣勢的情況下，這樣的護盤而不繼續往上作價的踩煞車方式，只是人為的干擾緩和了跌勢，車子還是一樣向下滑行，這樣的護盤有效嗎？搶反彈的人越套越深，當大家都把子彈耗盡的時候，你對於護盤還會很期待嗎？

空頭格言，「漲三不追高」，反過來說，漲了3天就是開始放空的好時機，對吧！這回日KD沒有很好的空點，但是60分KD的空

點可漂亮得很喔！KD上了80不鈍化，代表的是該強不強會轉弱，昨天從80上方跌落80已經很明顯的不行了，今天反彈一下沒過高剛好成為M頭的型態，收盤剛好把昨日低點跌破，日線上的轉折很明顯，個人看法是轉弱了，證據就在20分KD已經低檔鈍化，讓60分的死叉成真。

　　昨天和今天，羅威不斷的找反彈無力的股票下空單，一筆一筆慢慢敲，從上回反彈7800上方開始融券，到今天總共敲下五檔，滿倉部位。有人問，這麼低了你還空？其實，我空的股票價位大多都是50元以上的股票，依照雞蛋水餃股那篇的說法，這些股票都是缺乏資金的時候散戶最容易想要賣出的股票。而且集中在電子股，因為電子股在所有類股裡面最早跌破月K的低點，當然就是作空的首選囉。

　　作空和作多一樣，都必須設停損點，停損比較明顯的位置
是前一波的高點，當然你也可以用其他方法（比如指標、壓力
線……等等），目標會放在跌破月K低點7032，會不會來？何時
來？其實不是很重要，我相信覆巢之下無完卵，在國際金融危機
的系統風險下，如果你是做股票，就算是學科斯托蘭尼「不要把
雞蛋放在同一個籃子裡」，還是一樣躲不過系統風險所出現的全
面性下跌。

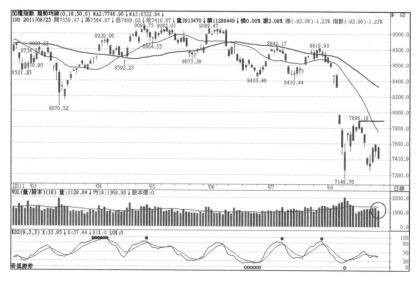

　　今天盤中傳來蘋果賈伯斯辭去執行長轉任董事長，這樣的消
息上電視，頓時殺盤連連，下午又看到新聞，不少廠商已經開始
放「無薪假」了！這都不是很好的消息，後面應該還有我們無法
預估的利空會出現。

很多朋友提了不少持股要我給予意見，個人的回覆一概是「凡是收盤在50MA以下的股票，請賣出。詳細解說請看我寫的《趨勢生命力》一書。」老實說，都已經到這步田地了，實在也懶得對你手中的股票再多說什麼了。

人生的樂趣是什麼？

2011/08/26

有個65歲的老人家，拿著全部過關的健康檢查報告，頗得意的問醫生：「以65歲的年紀來說，已經挺不錯了吧？你覺得我可以活到85嗎？」

醫生問：「我不知道。你喝不喝酒？抽不抽煙？嗑不嗑藥？」

老先生回答：「除了上教堂、聖誕節偶爾喝點紅酒，20多歲後就沒喝了，從來沒抽過煙，完全不碰所有不合法的『碗糕』。」

醫生接著問：「那你有沒有做些帶點危險性的活動，像是高空彈跳、爬山或是騎摩托車？」

老先生回答：「當然不，我終身奉行安全為上。」

醫生再問：「你有沒有跟女人鬼混？整晚混趴？」

老先生大大不以為然：「怎麼可能！我20多歲遇上我老婆以來從來

沒有不忠過。多年來我一直勤奮工作不要說混整晚,連參一腳的時間都沒有。」

醫生望著老先生:「那你幹嘛要活到85歲呢?」

　　說到功力,應該不只是指分析的法則,而是指可以隨勢應變的執行能力比較妥切。早盤開高實在有點意外!空單中有兩檔直接開過我的停損點,完全沒有考慮就直接停損出場。捨與得、對與錯之間的拿捏,其實就在滑鼠的左鍵裡了,還有就是要敢在可以買賣的時間點,勇敢的點下滑鼠。

　　就像今早錯了兩檔,就立刻點滑鼠平倉,這就是執行力。我難道不會去想,「等一下說不定會回來」、「再給它幾分鐘看看」?過去我也會這樣,但是對錯各一半,執行不一定對,但是不執行一定錯!

　　昨天因為賈伯斯去執行長職務而大跌,今天的電視說因為賈伯斯去執行長職務而上漲!真是敗也消息,成也消息,哈哈!蘋果和Google兩大巨頭的系統之爭,對台股電子廠應該是個機會,不過電子產品將會越來越便宜,在這樣的趨勢之下,到底該說好或不好,我也不懂了。

下週行情的一些看法

2011/08/28

　　對於技術分析的愛用者來說，行情的看法總是喜歡用技術面來研判，這一回的美債風暴到底止住了沒有？消息面就請各位多注意報章雜誌的報導和分析。為了應付這次危機，政府單位可說是卯盡了全力在護盤，希望能夠止住跌勢，不要讓全民受到太大的傷害，老實說，這是無可厚非的。不過因為有了護盤因素的干擾，讓我們的操作的時候不只要看技術面，還要考慮政府護盤的態度，真的是有點難以適從。

　　陳冲領軍的護盤大軍，護盤護得有聲有色，想要護住指數不讓它跌破7000點的決心非常強烈。到底能不能完成這一個任務呢？我們從技術面來看，這一波下跌以來，一如規劃的兩條線如瀑布一般的強力往下噴出，在這樣的情況下個人建議是能避則避，不建議大家做買進，想要買進總得等到18MA開始走平，雙線負乖離開始縮小再來做考慮！

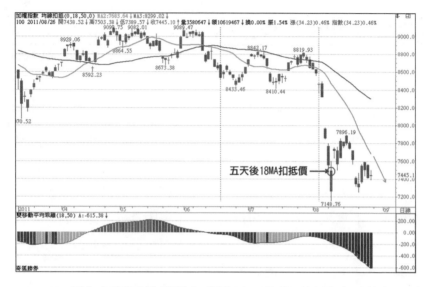

五天後18MA扣抵價

50MA因為扣抵區域都還在高檔區，我們可以暫時不考慮。以18MA的扣抵價來看，還有五天才會扣抵到低點，也就是說，除非明天開始連續急拉，否則18MA還不會那樣快走平，最少要等5天以上才能夠看到18MA和50MA的負乖離開始縮小。也一定要等到看到這一個現象，我們才能說急殺過程進入尾聲。

但是進入尾聲一定會開始大漲嗎？當然，如果是一般的中級回檔，有可能止跌後會造成回升，但是這次碰到的情況有很大的利空做背景，卻不能以一般的回檔視之，如果只是這樣就認為大盤OK了，那也太過樂觀了。我們可以看看2008年金融海嘯的例子：

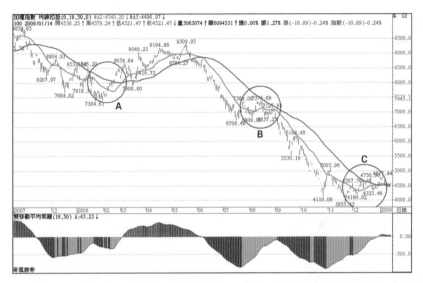

18MA止跌走平後有三種情況，A區是做了止跌然後往上揚升，做比較大的反彈。B區就沒有那樣幸運了，只做了短暫的止跌（其實也不短，一共晃了一兩個月呢），最後連兩條線金叉都做不出來就繼續如飛瀑而下。C區就是大家都知道的3955低點了，當時也不是見低就開始反攻，如果各位有印象，那個低點區均線糾結總共糾纏了將近四個月才正式分開走出多頭格局！

到底現在要走A、B、C哪一種情況呢？還沒有走出來之前有誰知道呢？

這樣的圖，在歷史的走勢上最少也有20次以上的紀錄，如果你有興趣，可以一一的把歷史回顧一下，多看圖沒事，沒事多看圖，歷史會告訴我們很多事情，只要你用心去體會，就會知道碰到這樣的情況心裡的底線是什麼，心中有譜就不會躁進，對你的資金一定很有幫助的。

終於越過18MA了！

2011/08/30

　　股價技術分析的兩個重點，一是時間、一是空間。原本急跌的盤讓雙均線如飛瀑往下奔流，樣子實在是很嚇人，但是在經過20天左右的整理之後，開始有止跌的現象出來了，股價今天也越過了18日平均線，這是以狹小的空間整理來換取均線走平時間整理的一個很好範例。

　　才兩天沒看盤，今天股價站上18日均線了！那麼要轉強了嗎？別急！我們來看看這條18MA的品質如何。品質要怎樣看呢？當然就是看它的方向到底往哪邊走囉！先看看最上面表列的數據，淺綠色的MA2（18MA）後面有個往下的箭頭，對吧，那麼它有向上的力道嗎？沒有啊！不是往上的均線站上有什麼用呢？所以這是一個品質不佳的站上。那麼，要如何判斷均線會往上呢？簡單的方法可以用扣抵價和扣抵區間來預判。

從扣抵價看,明天將要扣抵的價格是8/5日的7853,後天扣抵的是8/8日的7552,假如明後天的收盤價維持今日的7646不變,那麼明天還是扣高,18MA還會繼續向下,但是後天就變成扣低,均線將會開始往上。也就是在後天收盤價維持在7646的情況下,18日均線在後天會產生向上的轉折。這是使用扣抵的時候一定要先有的概念。

接下來,我們來看看這條均線會不會有持續轉上的力道?這就要看扣抵區間了,扣抵區間要怎樣取才好呢?簡單的方法就是取1/3到一半的時間,比如18MA就從扣抵日往右推取6~9天;50MA就從扣抵日往右推取16~25天的區間……,以此類推。另外一種方式就是從扣抵日開始看還有幾天可以扣高(或扣低),這是方便研判均線要過幾天之後才會產生連續高轉折(或低轉折)

的情況。我在圖上畫的圓圈就是未來9天的扣抵區間，會取這區間
也是上面兩種方法的綜合體吧。

如果扣抵區間大，影響均線方向的時間會久一點，如圖我們
可以看到，如果股價無法創新高，那麼未來的9天因為還屬於高扣
抵區，所以均線還無法揚升，最佳的情況就是慢慢走平而已。這
就是用盤整的空間換取均線走平的時間的一個思考。

眾所皆知的均線，尤其是長參數的均線可以看做是落後指
標，但是因為它落後，反而指出來的方向很穩，我們用扣抵價和
扣抵區間的概念，可以預先發現均線可能的走法，如同前陣子發
文所畫的箭頭，和今天預判均線將會開始緩慢走平，都是來自於
扣抵區間的概念。這種扣抵概念衍生出來的均線方向在實戰上有
很高的參考性。

知道均線可能的走法之後，我們知道除非股價持續大漲，否
則18MA最少還有9天的時間要做整理，9天之後才會扣到真正的低
檔區，也唯有這樣才有可能讓18MA的扣抵區間進入可以幫助均線
揚升的低檔區，所以，個人判斷現在頂多是在做中線的止跌的動
作而已。

目前來看前高7896前低7148，沒過高也沒破低卡在中間，
能否真正止跌，都還沒辦法明確的給結論。漲個兩三天跌個三兩
天是整理盤的特性，上面圖檔中我註記了幾個看圖重點，請各位
自行瀏覽研判，短線或許多空都有機會，長線的買點時機還沒有

到。我們還是耐心等待吧。

本文貼出後很多朋友問到有關「扣抵價」和「扣抵區間」的名詞，這兩個名詞在我的第一本著作《活出股市生命力》一書有詳盡的解說，請不明瞭的朋友自行到書局翻閱這本書，這裡就不另外浪費篇幅說明了。

情勢看好了嗎？

2011/08/31

中午吃完飯就出門去了，以為後面一個小時的盤變化不會很大，沒想到，晚上回來看到資訊還真的嚇了一跳！尾盤急拉55點！好久沒有看到這樣的情況了。從7248開始到今天收盤7741，總共漲了快500點，花了8天的時間緩步推升，雖然很牛也很皮，但是它畢竟是反彈上來了。

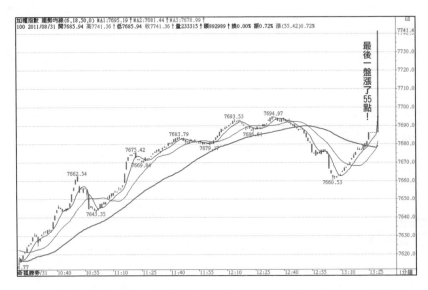

　　短線的看法，在8月的盤整盤勢分析中已經密集的分享過了，現在是放手讓各位自己走的時候，總要放手的，要不然大家要如何長大呢？可能是因為我已經年紀大了，不再像年輕時候可以承擔風險，居於穩健原則，我是偏於中長線的操作，也以分享中長線的多空為主，這樣的文稿寫來也比較符合我的個性。

回到標題「情勢看好了嗎？」，這張圖有幾個重點：

1. 最下方的指標，兩條均線的負乖離開始縮小了，這是好現象。

2. KD金叉因為有60分KD鈍化的保護，應該會走到80，到時候再看看會不會鈍化或者是B波反彈而已。

3. K線圖中的均線我加了一條6MA，這是比18MA還短的均線，如果6MA和18MA會金叉往上，那麼至少這樣的短線的止跌會比較可靠。

平凡的指標
不平凡的用法
這一次我們用KD
寫下不平凡的故事

第五章
反彈會過高嗎？

反彈會過高嗎？

2011/09/01

某大公司的主管很想知道公司裡有多少人是妻管嚴？於是他集合公司內所有已婚男士，說：「覺得自己怕老婆的人，請站到會議室左邊；自己覺得不怕老婆的人，請站到會議室右邊。」

之後只見一陣騷動，結果大部分人都去了左邊，只有一個站在右邊。這時眾人皆以敬佩的眼光看著獨自站到右邊的那位男士，並請他發表感言。

他囁囁嚅嚅地說：「我老婆說……人多的地方不要去！」

　　當然，這是一個笑話，夫妻之間還是相互尊重會比較好。不過故事最後引出的那句「人多的地方不要去」，在股市操作上好像還滿管用的呢。很多歷史上的高點大都伴隨大量，所以，老投資人都知道「量大非福」的股市諺語。

　　股市裡面，所謂「人多的地方」指的就是放大量的時候。今天有兩個極端的例子就是電子類股和金融類股，這兩類本波的主攻部隊，今天都不約而同的放出大量，電子類股收黑K，金融類股則收長長的上影線。在反彈接近前波高點7896時，電子先行撤退，造成金融股也不支下滑，使得今天最高只到7886，只差10點就可突破前高，就這樣硬生生的被殺下來，功敗垂成，真的好可惜。

今天的K線雖然收黑，短線上這是調節點，但是以收盤還是上漲16點、中間還留一個小缺口來看，如果要說這個反彈已經結束，似乎還少一個K線破昨日K低點，或者做一個低點再殺破低點的轉折確認，也就是說要等明天的收盤跌破今天的低點，或者明天先做一個比今天低的低點，然後下週再拉高，接著把這個低點殺破。這種K線轉折的小技巧，好像很多時候都滿有用的。各位不妨注意看看囉。

另外，要提出說明的是，真正的前波高應該是8496而不是7896，因為最低點7148所對應的前一個高點是8496，8/22低點7248並沒有跌破7148低點，所以7896只是整理的高點而已。不過習慣上我們都會把前一個高點稱為前波高，其實也沒有什麼不好，只是提出來說明一下，以後隨著盤勢演變如果有碰到，我們

會再找機會加以解說。

會不會過前高？其實不用猜，因為就算過高也會有回檔，不過高就是B波，就會有回跌。高點都近在咫尺了，就注意K線反轉破低的訊號吧。

簡單說明，希望對各位有所幫助。

四點具備，進入整理

2011/09/05

羅威說，地心雖有吸引力可以將股價從高的地方吸下來，但是「地心」引力畢竟無法將股價真的吸入「地心」！所以除非公司內部人士惡搞，要不然任何一檔股票都不會下市，也不會真的掉到地心去！

反彈想空的單，上週趁反彈的時候已經弄得差不多了，今天大跌，四檔個股三下一上，表現都很OK。盤中閒閒無事，和大家聊聊型態的簡單看法。我們可以從歷史的資料發現，當一個波段大漲之後會有回檔的整理，稱為多頭整理型態；當一個波段大跌之後，它會有快速的反彈，然後慢慢的整理出一型態，這就是空頭整理型態的由來。

　　大跌之後會有反彈，反彈通常會有abc的反彈型態，也就是反彈到一個高點（a）之後，回跌沒有破低（b），又反彈再過（a）高點，稱為c波。這種反彈看起來有點類似上漲的N型，也有點像要走多頭浪的模樣，這是比較常見的模式，也是上一篇我說前高不是7896、高點仍然在8496的原因。那如果出現c波卻不過a的高點，那就是如我們現在的大盤，要開始整理了。（這些技術上的論述請參考《型態生命力》一書的解說，這裡就不占篇幅了。）

　　至於整理型態也有很多種，而三角整理則是最容易出現的整理型態。今天我們就來簡單的談談這個整理的型態。

三角整理常見的型態

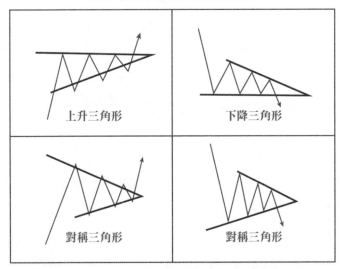

上升三角形　　　下降三角形

對稱三角形　　　對稱三角形

　　在技術分析的書籍中，一般都將三角整理歸類為「連續型態」，亦即它是原來股價進行方向的一種中途休息型態而已，比

較重要的是型態整理完畢之後往哪邊突破。如果是多頭的連續型態，將來往往會帶量往上突破，繼續原有的走勢；如果是空頭，將來往下跌破（不必帶量）的機會比較高。不過，勢有所終，趨勢的最後一個整理往往會朝反方向突破，這是一定要理解的。

如上圖，我們比較一下，大盤目前運行的型態為一個三角形整理。

所謂的三角整理必須有四個點（兩個高點和兩個低點），我們用兩點決定一條線，上面7896連接7886這一條線就叫做壓力線，兩個低點7148連接7248則叫做支撐線。因為這兩條線不是平行的，而且可以看得出來是收斂的型態，這就是所謂的三角形了。因為是從高點回落後的整理，所以歸類為下降三角形整理。

如果你能分辨出這是三角整理，那麼三角整理的操作方式大約有：1. 短線區間來回；2. 短線觀望，等待突破後再進場。這兩種方式各有優缺點，沒有標準答案也沒有對錯，就看各位的個性適合哪一種囉！

短期指數可運行的空間越來越窄，將考驗下軌支撐，走到最後到底是強勢或弱勢格局，短期就能見到分曉。

型態只是猜猜謎

2011/09/05

今天盤中發表了一篇關於三角型態的文章，發表後很多讀者問到不少問題。對於這些問題，其實我也沒有標準答案，不過現在的網路很發達，只要用關鍵字在Google查一下，就有很多資料可以閱讀，多查幾次你所有的問題都可以清楚明瞭的解決了，就請各位多多利用這一個搜尋的功能吧。

記得十年前在奇摩家族寫過一首類似操作口訣的詩，裡面有一句話就是「型態只是猜猜謎」，怎麼說呢？現在是什麼型態，要等型態出現後才能確認，在型態進行中大概只能夠用猜的。羅威說，如果真的有人一開始就知道將來會進行什麼樣的型態？或者型態將在何時結束？往哪邊發展？那真的是「發」了！

股票最大的祕密是整理後的新方向。問題是，兩點決定一條線（支撐線和壓力線），兩條線就可以決定一個型態，那麼，K線圖上到處都是可以決定一條線的兩點，但是這一條線真的是壓力線或者真的具有支撐嗎？誰也無法肯定的確認，但是至少它是一個流傳很久的方法，也有很大的實用性和參考性。

十年前吧（2001年），曾經狠狠的K過寰宇出版的《股價型態總覽（上下冊）》，很厚的兩本書，對於型態學總算有一點點概念（各位不用因我看過這本書就急著網購，有空到書局翻翻看，真的想看再買就好了）。型態，可以當作知識去了解，但是往往是型態已經走完了，我們才猛然發現：喔喔！原來它走的是XX型態！印證起來很準，但是使用上，我們可以預想它會是怎樣的型態，可以做規劃，但是，最好不要太執著的認為你想的型態一定會出現。

型態，就像女大十八變一樣，變化很快，不容易辨識。前幾天回老家，在村子裡突然有個長髮的小姐叫我「阿伯」，我都不認得這是哪個親戚的女兒了，直到她的媽媽出現，才知道原來是三叔公家那位漂亮阿姑的女兒，算起來和我是同輩，我只好糾正她只能叫我「哥哥」，可別把我叫老了！

老實說，型態學在實用上還是會碰到很多問題，主要是在型態的確認上實在很難拿捏，不過這並不表示我對於型態不會認真的去面對，雖然型態有它一定的構造和解構的方法，但是個人對

型態的看法，我認為那是一種很藝術的事情，它是一個多週期、多層次的組合，不容易表達得很好。（關於型態，請詳見《型態生命力》一書的解說。）

在撰寫盤勢分析時，有時候無聊就畫一畫型態，想一想、講一講，如果是這種型態的話我會怎樣做？我對型態的經驗是，如果你太認真的對待，太執著的認為一定會發展成什麼樣的型態，這樣可能你就輸了。因為如果你認定將來是什麼型態，對了當然很好，萬一不是這樣的時候，你將很難把你的想法抹殺掉而追隨新發展的型態，甚至很容易去反著操作，那真的是很痛苦的事。

型態學告訴我們，型態有一定的週期發展關連，如果一個型態看對了，對預知後面的走勢是很有幫助的。但是個人認為，操作上比型態更有幫助的是「兩條均線看方向，一個指標抓轉折」，這種簡單的告訴我們該怎麼做的邏輯。自從用了這一個操作架構來找尋多空的切入點之後，再配合型態的看法更能夠展現威力。

上週四會寫轉折的K線，是因為短線60分KD所給的訊號，週五果然先破低做了一個低點。我想請各位回味一下《波動生命力》裡面羅威說的「不見黑K不止漲，黑K之後再看會不會破低……」，這句話就是轉折的關鍵。那麼週五有破低之後呢？剩下兩條路而已，一是直接下跌，二是反彈後破這一低點而下跌。在兩條路都指向一個方向——「下跌」時，不就是布空單的時候嗎？

今天，大盤選擇第一條路，直接跳空下跌而且還重挫！那麼，會跌到哪呢？價位我不想去猜，但是以KD死叉又有60分低檔鈍化背書來看，日KD應該有3～5天下跌走勢讓K值落到20附近，規劃上也大概只能知道這樣而已。至於今天畫的三角整理低點那條線是不是真的有守？到時候可以觀察看看。老實說，型態只是猜

猜謎，守不守其實不是重點，如果空單要回補，等它有轉折的時候再動作就對了。

技術分析不是萬能，就如同我們說金錢不是萬能一樣，不過我倒沒有聽過有人因此而不想追求金錢。也幸好技術分析不是萬能，否則大家都追求技術分析，那麼錢都給這些人賺就好了。個人認為美債風波讓全世界的股市都暴露在系統風險之下，歐洲幾個國家的國債問題又都是隱藏的未爆彈，台股技術面在雙均線走空的情況下，還是要保守應對。

火車時刻表是做什麼用的？

2011/09/08

記得以前在鐵路局上班的時候，有一回因為路線故障，所有的列車全部晚點，月台上滿滿的人潮，怨聲不斷。當時我在月台上執勤，旅客大概是好不容易看到一個戴著鐵路帽的人，好像碰到救星或者是出氣筒一般，很快圍了過來，問我「到底要晚多久？」、「火車什麼時候能來？」、「鐵路局這樣惡搞難怪會虧損」……，我被圍著，我知道旅客的憤怒，但故障何時可以排除？火車何時會來？實在也很難說個準兒，除了不斷地道歉，請旅客耐心等待之外，也沒有什麼法子。

這時有位旅客拿著時刻表指著我的臉：「既然火車不會準時，你們印時刻表幹什麼？」我對於眼睛前面被這樣指著，心裡真的很不愉快，我用手接下他手中的時刻表，看了看說：「這個時刻表喔！就是要給你們用來罵鐵路局『為什麼火車沒有準點』的東西吧！」周圍的旅客聽了哈哈大笑，也化解了一場危機。

技術分析是利用過去的統計資料，經過經驗的研判，而分析將來可能的變化。基本上任何分析的科學都是含有預測的成分，說不要預測的人簡直是睜著眼睛說瞎話。走出家門，難道你沒有目的就出門了嗎？開車出去，難道你只是在附近閒逛，沒有想要到哪辦點事嗎？這一點也不合乎邏輯。不管基本分析還是技術分析，都有預測的成分，預測不是要你講價位和點位，至少你要知道未來的方向往哪邊走吧，要不然到底是要買還是要賣呢？

對於技術分析，我們可以用技術分析研究的結果，來幫助大家在決定是否繼續持有股票時，避免犯下選擇上的錯誤；或是利用技術分析的推演，告訴大家往後在技術上可能碰到什麼樣的情況，該如何處理以及處置的方式。而不該是利用技術分析的研究結果，去想著如何行銷特定商品給客戶。如果做的是推薦股票或者喊進喊出，那跟投顧有什麼不一樣？

昨天美股下跌、台股逆勢收紅，今天美股大漲、台股也逆勢下跌，這種情況在最近的三個底部位置好像都是這樣表演的，差別是一波比前波的力道越來越小了。這是整理收斂的正常情況，

現在該觀察的是，它會繼續在三角形裡面做上下震盪呢？還是有一天會突然蹦出這個整理型態之外，走出一個新的方向呢？

從18MA和50MA的負乖離收斂來看，負乖離已經連續縮小7個交易日了，漸漸有一點打底初期的雛型出來了。負乖離穩定縮小一段時間之後，個人資金分配了二～三成做短多試盤，其他的部位還是做空方操作，除非此負乖離（18MA-50MA）縮小到合理的範圍裡面，否則應該不會增加多單的比重。

目前如果要作多，選股的重點就在股價收在50MA上方，而且50MA向上揚升，配合最近一個月內日K有高檔鈍化者更佳。其實這樣的盤空間很小，觀望等待將來有正式翻多的時候再進場，也是一種不錯的策略。

記得前幾天回覆網友一個問題，他說「很多股票沒有做出KD鈍化」，怎麼辦？也許你會有個疑問，對於KD不鈍化的股票，或者不按照KD鈍化的發現來表演的股票，該怎麼辦？

其實，面對這種情況我是比較樂觀的看待，上市櫃的股票有1300多檔，我只選有鈍化而且符合我發現的規則的股票來做，那些看不懂的一概放棄，這樣我的選股標的是不是少了很多，選起來也會輕鬆多了，不是嗎？

利空之下，陳冲防線守得住嗎？

2011/09/13

今天跌！而且大跌了219點，但是我一點也不會感到驚訝，因為系統性的利空通常不會只跌一波，而是會接二連三的好幾波，美債問題之後，一定還會引發其他的問題，最明顯的就是歐債危機。

果不其然，週五晚上的美盤大跌300點，而據外電報導，週一（12日）「市場盛傳歐盟將會放棄希臘，希臘國債收益率急升，其中1年期國債收益率突破100%大關，達到驚人的紀錄高位103.85%。」這收益率100%代表什麼意思呢？就是一年到期的希臘國債，假設面額10萬元，你現在只要花5萬元就可以買到，一年

後就可以領回10萬的債券。這樣很好賺吧！前提是這張債券到期的時候真的有錢可領，而且不會被通膨吃掉。

突然想到一句話：「如果你是投機客，一檔股票如果放了一年，通常不是投資，也不是股票還沒出現賣點，而是被套牢。」9229高點下來也已經經過9個月了，請你檢視一下你的持股，是否有「套牢」這情況呢？被套牢的原因是什麼？你還記得嗎？

這是前幾天的圖檔，上面有一條棕色的壓力線，下面也有一條棕色的支撐線，這就是四個點、兩條線所構成的一個三角形，也就是一個整理型態。型態整理的思考邏輯就是讓你在這兩條線之間隨意跳動，等到你跳出這個整理型態之外，我再來做買賣。也就是說，我們想要捕捉的是整理後的新方向！

今天尾盤，好死不死的剛好跌破這條支撐線，支撐線是兩個低點所決定的一條線，聽過三而竭嗎？通常第三次以後的測試是撐不住的，以技術面看來是走空了，是否如此呢？如果真的是大江東去，明天應該會直接跳下去收黑！而且會去挑戰7032月K低點！怕就怕我們那個大戰將陳冲先生，看到這樣的情況又撈起指揮棒，硬要守住他的防線，那就是另外一番景觀了。

有朋友問到最近的KD該怎麼看？我的看法，日線看不出所以然，就往下一級60分KD去觀察吧！如果沒有看那麼短，那更簡單，看不懂不要做就好囉！

大江東去，浪淘盡

2011/09/14

蘇東坡有一首《念奴嬌》，是他遊赤壁時寫的。赤壁最有名的歷史故事就是三國的劉備和孫權聯手，在赤壁和曹操大戰，當時周瑜領兵三萬，諸葛亮趁大霧草船借箭並且借了東風，火燒曹操的連環船，大敗曹軍，結果曹軍敗走，退守北方，形成了魏、蜀、吳三國鼎立的局面。《念奴嬌》前半段是這樣的：

> 大江東去，浪淘盡，千古風流人物。
> 故壘西邊，人道是，三國周郎赤壁。
> 亂石崩雲，驚濤裂岸，捲起千堆雪；
> 江山如畫，一時多少豪傑。

　　型態這東西很妙，總是在可以辨識出來的時候就已經快要突破了。今天盤中羅威說，我都是習慣在下午1點才決定下單，因為接近尾盤還有時間處理，另外在尾盤也可以清楚的判斷接下來的走勢，就經驗法則來看，會比盤中做動作來的好。

　　今天下午1點我的動作是停損賣掉手上兩檔多單，稍稍加碼手上的三檔空單，總資金約為四成多。老實說，我很想下重倉空單，不過有很多股票都盤下不能空，這也是沒辦法的事。後來想想，歐元問題應該還沒有塵埃落定，加上陳沖護盤的決心滿強的，手上有部位就好了，別太貪了！

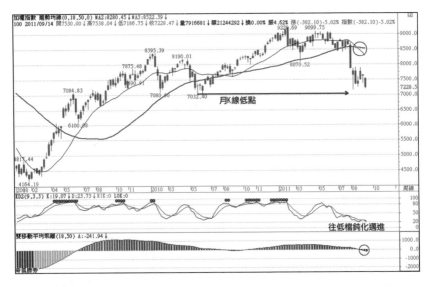

　　日線的三角整理的低檔支撐線跌破了，看來水壩決堤將是一發不可收拾，月K低點7032很難守了。週線，個人的看法很糟糕，雙均線開始開花，如果輪到這兩條線飛瀑往下，那真的是雷曼兄弟又出現了！日KD低檔鈍化後反彈沒有過高，接下來理應破低再次低檔鈍化，則週KD有可能會被帶下低檔鈍化，那可能有三個禮拜的弱勢喔，好恐怖！

　　真的會如此嗎？我不知道，歷史的經驗就是這樣說的，我們邊走邊看吧！

　　最近的盤跳來跳去的，充滿驚喜，明天又會是有驚喜的一天嗎？

盤中偶感

前陣子連續跳上跳下的盤，也許大家都不耐煩了，於是今天緩和一點，開小低然後慢慢盤軟下來，會不會讓大家感到比較舒服一點？跳空下跌和開小低下跌差在哪裡呢？差在出貨的空間。往下百點大空一跳，大家都跌，有一大塊空白區域沒有成交；小跳空開盤然後一路緩慢下滑，會造成高點有利的成交空間。

看看這兩天跳空往上的盤，和前一波下跌都是紮實的長黑K，我不知道各位有什麼樣的想法？開高讓你來追高買，讓你買不到好價錢，但是小跳低開盤收長黑，要賣的人卻可以有好價錢慢慢賣！

從較大的級數來看，現在絕對不是多方的有利位置，大級數都剛剛反轉向下，如季KD這個月想要持續高檔鈍化大概沒指望了，高檔死叉已經確認，大頭部已經出現了。記得6月中的講座我就是以「季KD將會死叉」為題，拿它的最少跌幅是3千點起跳來嚇唬各位，還有印象吧。現在應該是空方操作的有利位置。

那麼，什麼時候才是多方可以進場買進的時機呢？最起碼也得等到日K線的18MA＞50MA的時候吧。如下圖：

　　我們可以看到50MA的扣抵價目前還在高檔，大約還要一個
月才會扣抵到低價區。假設以後的走勢沒有突破，也沒有跌破紅
色的這一個箱型框框，那麼到時候雙線有可能糾結，然後出現金
叉，做一個反彈的走法，時間上是可以用均線扣抵的概念去預估
的。不過，萬一整理時間不夠，那麼就有可能出現如2008年9月的
整理失敗走勢，那就很不好玩了。

　　做對的事情（Do The Right Thing），遠比你把事情做對
（Do The Thing Right）來得重要，體會到從「每次都幾乎做
對」到「幾乎每次都做對」是一段漫漫長路。股票操作對大多數
投資人的意義，並不是要你用最短的時間，做最多的事情，並且
獲取最大的利益，而是要大家選擇對的事情來做，或者，是要你
少做一些不必做或不該做的事情。

有效率的操作，是等到大多數的股票都已經有多頭型態時，再進場。大級數的反應是很慢的，如季K線一根就是3個月，月K線一根就是22天，週K線一根就是5天，要等到大級數出現好轉的訊號，需要等很久。這是「慢」的哲學，急也急不來的。

短線行情短線應對

2011/09/20

交易要獲利基本上有兩種方法，一個是用小的頭寸捕捉到一次大的價格波動，第二種是用大的頭寸捕捉到一次小的價格波動，而更好的方式是，用大的頭寸捕捉到一個大的波動。

在這個遊戲中，贏家和輸家的區別很簡單，贏家已經有自己的操作法則，獨立操練的次數夠多，已經能掌握進出時機，可長可短。他們樂於從事現有的工作，每天只花一點點時間關注整個盤勢的變化，並且採取應對措施。輸家呢？總是不喜歡付出努力，包括學習基本的操作分析知識，就想要得到高額的獲利。輸家在「期待」和「幻想」中夢遊，不斷地讓鈔票重複受傷；贏家用「經驗」和「直覺」導航，不斷地撿到躺在股市裡的鈔票。兩者的差異不過就在此。

今天的大震盪我並不意外，因為最近每天都有百點以上的

震幅，如果有一天突然靜止了，那才會讓人意外。根據上面的論述，若最近你用小金額盤中來回操作，可以獲得大的波動利潤，應該是值得恭喜的。

　　上圖是今天台指期從開盤到11點15分的1分K走勢圖，光看兩條均線，這是一個很明顯的走勢，多空都可以操作。不過因為有預期會下跌的想法，所以早盤開低後急衝拉高這一波，我並沒有追上，只好等待第二個圓圈的空點，然後在第三個圓圈的回補點補回，就結束了一天的操作。

　　收掉空單之後，自我檢討，因為部位很輕，沒有任何壓力，所以可以這樣氣定神閒，如果我放大一點的部位，我可能等這麼久嗎？恐怕沒辦法。今天的獲利是110點，如果放大一點的部位，

比如說放大10倍，我可能賺個十幾點就收攤了（回頭看一下為何今天開頭會講那樣的話），因為倍數放大後，壓力也會跟著增加，耐震度就差多了。

這張圖用的是1分K線，怎麼會用到這樣小的週期呢？羅威說股市的波動存在於不同的週期，很少是每一個時間週期都沒有行情的，看盤的時候我很自然的會去找哪一個週期可能會有行情，然後就專注於那個週期的買賣點。

也許你會問，1分K會不會太快了？其實，我剛剛看1分K的時候還真的很不習慣，心臟總是噗通噗通的跳著，腦部好像缺氧一樣很不舒服，但是偶爾看看變成經常這樣看，看久了也就習慣了，現在盤中偶爾也會去看30秒K線的走勢呢！

　　稍事休息之後，收盤前我看了一下盤勢，60分KD鈍化後回檔不破低，再漲應該還有新高，日KD也已經金叉往上，心想整理這樣久了，會不會在這次表態呢？短線幾天的行情也好，於是買了一些下個月份的期貨多單（9月台指期明天結算）。

　　通常我有期貨多單都會買相對的PUT做保險，不過因為下月份的PUT太貴了，所以不願意花這樣的保險費，因此只能以最少5口保證金留倉1口，用高保證金做資金控管也算是保險的一種方式，算是小賭怡情吧！

　　我了解，只有時間夠長，才能產生鉅額盈利，但是現在並沒有大開大闔的行情，所以偶爾到小週期K線做做短線，小金額的操作一下，得之我幸，失之我命，在無傷大雅的情況下保持盤感，倒也怡然自得。

　　最近有不少朋友問到格局的問題，我有一個很簡單的想法，現在的盤就如同小狗被關在籠子裡，只能夠不上不下的跳動，把狗籠子弄得乒乓作響，而無法像在運動場或公園那樣，可以拔腿狂奔。既然在籠子裡面，我們自然就要把操作的級數降級，降到適合這個籠子空間的級數才行，所謂適者生存吧。

　　最近常常談短線，因為沒有長線的行情，所以就多寫了一些短線的技巧。短線應該是熟能生巧的問題，就如打乒乓球，剛開始球拍也沒拿好，球也打不到，也沒有球感，但是很快的就能夠打到「慢球」，接著也可以「牽球（台語）」牽得比較久了，等

到動作熟練了，開始有殺球和拉球的動作，也可以適應較快的球速，就能試著和對方你來我往了。

如果你沒辦法看短線，那麼就不用勉強自己去看短線，好好的等待吧，等待箱型突破後，等待你操作的時間級數出現訊號了，再進場就行了。勉強在不熟悉的週期操作，速度上的配合也很難調適，等到你把速度和心態調整好了，說不定行情又變了，這樣變來變去無所適從，反而得不償失。

學習技術指標時，我們要看書或請人指導，透過一次又一次的練習，如同打球，有人指導之後也必須不斷地練習，才能領略到其中各個身體部位協調的奧祕。但很多人一開始就把這些指標工具想像成神兵利器，一看它們不能立即發揮戰力，就嗤之以鼻認為無用，轉而尋找其它更神奇的工具，經驗因此無法繼續累積，實在很可惜。

要熟練一項技巧：想是問題，做是答案；輸在猶豫，贏在行動。運動如此，股市也是如此，和大家共勉。

雖然白忙一場，卻忙得很快樂

2011/09/22

　　有一隻狐狸，某天在路上閒逛時，眼前忽然出現一個很大的葡萄園，果實纍纍，每顆葡萄看起來都很可口，讓牠垂涎欲滴。葡萄園的四周圍著鐵欄杆，狐狸想從欄杆的縫隙鑽進園內，卻因身體太胖了，鑽不過去，於是狐狸決定減肥，讓自己瘦下來。

　　真是皇天不負苦心人，狐狸在園外餓了三天三夜後，果然變苗條了，終於順利鑽進葡萄園內。葡萄真是又甜又香啊！狐狸在園內大快朵頤，不知吃了多久，牠終於心滿意足了。當牠想溜出園外時，卻發現自己又因為吃得太胖而鑽不出欄杆的縫隙，只好又在園內餓了三天三夜，等到瘦得跟原先一樣時，才順利鑽出園外。

　　回到外面世界的狐狸，看著園內的葡萄，不禁感嘆：「我空著肚子進去，又空著肚子出來，真是白忙一場啊！」

行情持續橫向整理，當初大家看W底，個人認為不會那樣簡單，結果到9/14看起來像M頭，而現在到底是什麼型態？是不是要成為多重頂也搞不清楚了。這就是我先前說的「型態總是猜猜謎」的意思，我們看過去的圖形，很容易就能分辨它是什麼型態，但是在股價行進間，誰知道會走出什麼型態呢？羅威說如果你能預知後面會發展出什麼型態，就算不是大富翁也是富翁了。

股價跳上跳下，這是整理盤的特色，主要原因是消息混亂，籌碼相對的很不穩定，在這些不穩定的籌碼還沒有找到歸宿之前，不可能有持續的方向出來。而個人認為，這個位置不管價位或者時機，都絕對不是會吸引聰明資金大力進場的地方，季線KD剛剛轉空，嘿嘿，聽一聽優美的旋律，讓心中的快樂飛舞起來，用台灣話說就是——還早咧！

山，依舊好

2011/09/29

　　無聊中翻閱過去的一些筆記，看到這樣一句「山，依舊好；人，憔悴了。」一時間也不知道什麼時候寫的，也不知道為何簡單的筆記本上會有這樣一句話，努力的回想，大概是某年某月的某一天在哪個風景區的涼亭看到就抄下來了吧！好奇的上網查了一下，原來是元曲《山坡羊》中的一句。

晨雞初叫，昏鴉爭噪，哪個不去紅塵鬧？

路遙遙，水迢迢，功名盡在長安道。今日少年明日老。

山，依舊好；人，憔悴了。

　　《山坡羊》作者陳草庵，活了將近80歲，難怪對人生有如此透澈的解析，尤其是後面這句「今日少年明日老。山，依舊好；人，憔悴了。」讀來頗有「盛年不重來，一日難再晨」的感慨。

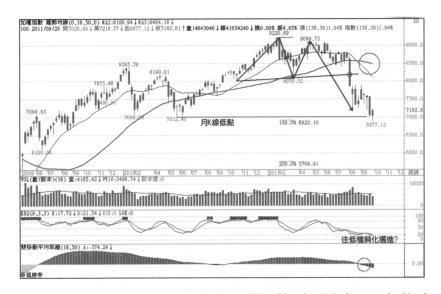

這一週因為事忙,一直沒有上網,等到可以喘一口氣的時候,發現信箱和悄悄話有很多封「祝老師佳節快樂」的信件,我納悶中秋節不是剛過嗎?還有什麼節日呢?原來是教師節!我一向不喜歡被稱作老師,網路上我們就是「大大」(大哥大姊),這樣不就很好了嗎?不過既然是朋友的祝福,當然就快樂地收下囉。另外有幾封是問我「怎麼了?是不是身體不舒服呢?」之類的話語,大概是好幾天不見,有點想念羅威的寫稿了吧!我人很好,謝謝大家的關心。

盤勢的演變,其實一直都在我過去所寫的規劃之中,到現在為止並沒有脫線的演出。均線有改變方向嗎?沒有啊!季KD死叉成立了,之後呢?最少得3～5根K才能見反轉,這是一種慣例。這一季才讓季KD死叉,如果要5根K,現在才第一根黑K,後面還有4

根K，也就是一年後才會有低檔區可以看，應該還早吧！中間來個幾百點的震盪總會有的，但是懂得這個小撇步的人，心情應該是很輕鬆的，省下下跌的錢，甚至可以安排好幾回國外旅遊了！

今天提供兩張圖檔，上面是週線的M頭圖形，這一張也是M頭，差別是日線級數的M頭。在所有技術型態裡，「頭」是最重要的，如果頭出現了，後面的身體就會跟著動了。擒賊先擒王，打蛇打七寸，不就是這樣的道理嗎？

週線的M頭甚至把月K的前低7032給跌破了，亦即這是月線級數的破低，這幾天就是破低後的反彈，原因就是這樣而已。不過，因為是月線級數的破低反彈，或許反彈時間會更久一點，幅度會大一點，這是級數的問題應該也可以理解吧！

　　但是配合日K來看，要做反彈也得過高轉浪後，回檔打個兩隻小腳給人看看吧，第一隻腳有出來了嗎？好像還沒看到耶！既然還沒看到，那麼現在是不是空頭浪呢？如果是，那空頭浪的口訣就是：反彈不過高，再跌會破低，不斷創新低囉！那麼，要到哪裡才會產生轉浪現象呢？圖上已經有標明了，就請你自己畫畫看吧。

　　圖，看久了，就可以看出眉目，看久了，就會對它有信心。當你看出這是M頭了，當你知道季KD死叉了、大頭出現了，那麼主要操作的方向該往上還是往下，不是很明朗嗎？主要方向是往下的，那麼月線破低反彈之後，主要的操作也是空方操作，如果你是不做空的，那就請繼續觀戰就好。

　　基金買賣最下面都有一排小字的「警語」，最近好像電視分析節目也都要有「警語」，我看將來網路寫稿大概也無法免俗，該來的總是會來，就先來一段警語吧：M頭的兩座「山」，依舊好；可別讓你的「帳戶」，憔悴了。

德國救得起希臘嗎？

2011/09/30

　　昨晚發稿後，傳來德國國會以壓倒性的投票通過援助希臘案，原本下跌的歐股好像吃了威而剛一樣，突然間強力噴出，大有衝向外太空的態勢，確實也讓人吃了一驚。但是吃驚過後再仔細想想，通過援助希臘算是利多嗎？新聞報導中有個很有意思的畫面，一個德國年輕人說：「我實在想不通，為什麼希臘的債務問題卻要我們出錢解決？」

　　是啊，希臘拼命花錢，希臘國債無法解決，卻要德國付錢，這是什麼道理？就像你的鄰居在外面欠了一屁股債，還不起了要你幫忙還錢解決，你會如何呢？

　　其實，德國擔心的不是希臘倒不倒，而是擔心義大利和其他國家因為希臘倒了也跟著倒，這才恐怖！不過，個人看法是歐美的消費力大減，台灣出口到歐美的貨品也會跟著大減，也就是說，整體的消費不會因為希臘被救就能夠得到解決。世界各國的K線圖早已經告訴我們，大咖絕對都是站在賣方，籌碼大亂，需要時間和空間來化解。

　　跌破7032月K低點之後，為何不跌呢？道理只有一個，因為破低後會有反彈，因為即將收月線，如果各位有注意看月K線，應該會發現月K通常會有上下影線，兩相配合起來，這幾天上漲就不會覺得很奇怪了。這種漲法有點像天邊的彩虹，等你跑近一看，彩虹已經消失了。

　　既然已經反彈了，月線的下影線也收起來，那接下來呢？這一波從7606跌到6877，反彈到週五收盤7225，其實已經反彈了大約0.5的幅度，一般反彈到0.618算是不錯了，以這樣估算，目前反彈的幅度空間其實已經不多，大有「夕陽無限好，只是近黃昏」的感覺，當反彈接近一般性的反彈滿足區時，你會做什麼動作？

任何時候都有股票可以做多，也有股票可以做空。事實上我們發現，只要運用日線的50MA和搞懂型態上M頭的高低點，技術分析就已經學會六、七成了。我不反對各位選股做多，有些股票也真的很會漲，只是不太容易選就是了。個人是以大盤為方向，和大盤同方向的操作勝算會比較大。

　　不只是投資大師，連投機大師也常提到「等待是在股市生存的重要策略」，但他們的等待是有判斷的依據，而不是一廂情願。在技術面雙均線往下而股價往上的情況，是一種大小週期不同方向的盤整現象，技術派人士會在價格盤整時不採取任何行動，所以目前休息觀望也是不錯的策略。

　　9月底了，講了很久的季K線，也順便貼一下讓大家參考。

不過我想叮嚀一下，這是季K線，3個月才有1根K線，沒有人用這種K線操盤，1根季K線不論紅黑，其幅度都不是一般人受得了的，所以只能夠做大方向的規劃，規劃完了以後再做細部的計劃，然後就盤勢的變化來做適當的應對。華爾街投資鬼才巴魯克，人們常常驚異他的驚人判斷力，而巴魯克卻輕描淡寫的說：「我並不聰明，但我喜歡思考，大家都看過蘋果從樹上落下來，只有牛頓才去問為什麼。」獨立思考成就投資之最，投資者都應謹記在心。

如果你有心想要做點功課，那麼可以把每一個季KD在低檔時的日K線配合雙均線打出來看，這些圖有很多雷同的地方。多看圖沒事，沒事多看圖，想要有長多的格局，必須等到下次這些雷同的地方再度出現，否則就盡量保有現金吧！

股市警語：股市投資除了想到利潤之外，更要注意風險。

平凡的指標
不平凡的用法
這一次我們用ＫＤ
寫下不平凡的故事

編後語

　　本書記錄到2011年9月的最後一篇分析稿,雖然股市還在繼續做空頭浪往山下走,但是限於篇幅,必須在此先告一段落。當然,只要有開盤,股市的故事永遠講不完,後續行情的變化會如何?這些技術工具要如何運用?羅威將在聚財網「活出股市生命力」專欄為大家繼續講解,這些既有的稿件將來也會陸續整理出版,敬請期待。也歡迎大家到聚財網來聚聚。

　　技術分析雖然有不少口訣,但是股市操作不是背口訣就好了,把所學的分析方法活用並記錄下來,是我上網寫作的心情;而能把發表的文章整理出版,是一種成就。許多過去看我書籍的讀者寫信告訴我,「好像看歷史故事一樣,能夠閱讀這樣的文章是一種享受。」

　　來過就不要錯過,錯過就不算來過。看完最後一篇之後,我不知道您是否曾經參與這段股市的歷史,看完這些故事之後是否有些許的感覺?書裡面沒有特別的功夫,只不過是均線和KD這種平凡的工具而已,我不知道您是否能感受到,所謂的「基本工具、基本功夫」,居然也能夠有這樣的力量。

　　有很多人會認為好不容易逮到這樣的大波段頭部,沒有大力放空、放長空實在可惜!或許這是個人比較保守的地方,但是,個人認為散戶如果頭部能夠逃出,下跌的時候能夠不讓資產

縮水，其實已經高人一等了。股市要獲利就是要不斷地攻擊、攻擊、再攻擊！我想看完本書，下一回碰到頭部又出現，如果你心態夠狠，你一定可以在空頭格局中獲利。

股市商品（包括衍生性商品）的分析和操作技巧不斷地創新，但是最重要的還是要有基本功夫，因為所有的策略和所有的創新都是從基本功夫演化而來。只要你的基本功夫夠熟練，你應該可以輕易判斷出這是什麼樣的盤勢，也可以知道這樣的盤可不可以做，該做多還是該做空？只要你的基本功夫馬步夠扎實，你也很容易知道應對的方法。

所謂的基本功，個人歸結為下面三點：
1. 雙均線的多空格局。
2. 短線轉折（K線、短均線、指標）的變化。
3. 多週期的型態分析。

也就是長線的方向怎麼看？短線的轉折和方向怎麼看？雙週期甚至是多週期的型態和格局該怎麼看？這些技巧散存於《活出股市生命力》、《趨勢生命力》、《型態生命力》的技術篇之中，一般書局都有經銷，有興趣的朋友可以到書局翻閱，感覺不錯再決定要不要購買回家。

而關於KD的精采論述則記錄在《轉折生命力》、《波動生命力》，以及即將於2013年春節出版的《頭部生命力》這些精裝本當中，因為價格不便宜，所以只有聚財網獨家銷售，如果您是對於KD操作的方法有興趣的朋友，歡迎您到聚財網訂購。

　　末了，希望您將這本書闔上時，心情是愉快而且眼神會閃耀光芒，也祝福您在未來的日子裡，操作都能順順利利。

最後一頁隨書附贈的聚財點數100點如何使用？

聚財網是台灣知名財經網站，每天都有數十萬人次在聚財網上查資料及討論，
聚財網上有許多精彩的文章及功能需要使用聚財點數才能閱讀或使用，
購買本書的讀者，千萬不要浪費隨書附贈的聚財點數！

如果您非聚財網的會員，可以利用隨書附贈的聚財點數註冊成為會員，並開啟
聚財點數100點！

如果您已是聚財網會員，可以利用隨書附贈的聚財點數開啟聚財點數120點！

您還等什麼！現在就翻開最後一頁，並上聚財網開啟聚財點數吧！

聚財網
http://www.wearn.com

開啟聚財點數請至
http://www.wearn.com/open/

若有任何問題，歡迎於台北上班時間與我們聯絡，電話：02-82287755
或利用意見服務信箱，我們收到後，會以最快的速度協助解決，非常感謝您！

國家圖書館出版品預行編目資料

活用 KD 技術分析：KD 的關鍵使用技巧 / 賴宣名
著. --初版. -- 新北市：聚財資訊, 2012. 12
　　面； 公分. --（聚財網叢書 ； A082)

ISBN　978-986-6366-52-9（平裝）

1.股票投資　2.投資技術　3.投資分析

563.53　　　　　　　　　　　　　　101020832

聚財網叢書　A082

活用 KD 技術分析：KD的關鍵使用技巧

作　　者　賴宣名
總 編 輯　莊鳳玉
編　　校　高怡卿‧黃筱瑋
設　　計　陳媚鈴

出 版 者　聚財資訊股份有限公司
地　　址　23557 新北市中和區板南路653號18樓
電　　話　(02) 8228-7755
傳　　真　(02) 8228-7757

軟體提供　奇狐勝券分析系統

法律顧問　萬業法律事務所　湯明亮 律師

總 經 銷　聯合發行股份有限公司
地　　址　231 新北市新店區寶橋路235巷6弄6號2樓
電　　話　(02) 2917-8022
傳　　真　(02) 2915-6275
訂書專線　(02) 2917-8022

I S B N　978-986-6366-52-9
版　　次　2012年12月初版
定　　價　430 元

聚財點數100點

編　號： N09818

開啟碼：

啟用網址： http://www.wearn.com/open/

客服專線： 02-82287755

聚財網 wearn.com - 聚財資訊